桑原隲藏著
宋念慈譯

中國之孝道

中華書局印行

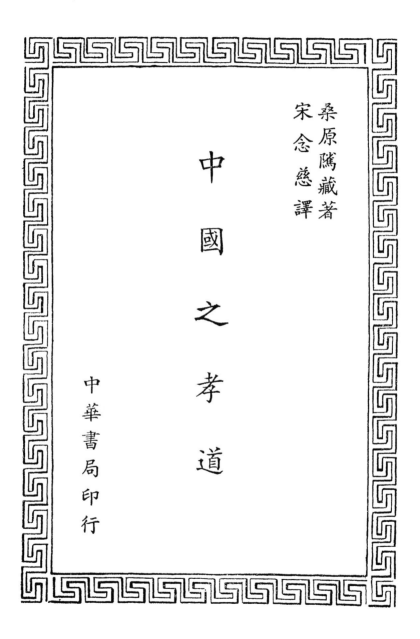

謹以之奉獻給淪陷於
大陸邊疆的
父母之英靈

序言

目前中國大陸正在瘋狂批評儒教，表面上孝的價值似已墜地。然二千數百年來，它實爲主宰古老中國社會的中心思想，如果忽視其存在，便無從瞭解過去之中國社會與文化。而人類的歷史，亦並非容易斷絕。在這種考慮之下，我纔決定把先嚴苦心的作品再付剞劂。

內容雖一切仍舊，但以文庫本的關係，在表記法與引用文的處理上，都下了一番工夫。如希讀原書，仍請看「桑原隲藏全集」第三卷（一九六八年岩波書店出版）爲幸。

校訂及解說，乃煩請先嚴最得意之門生宮崎市定博士所作。在此特申謝意。

一九七七年一月

桑原武夫

中國之孝道

目次

中國之孝道

——自法律觀點的考察

第一章

孝道乃中國之國本，亦其國粹。故以中國爲對象之研究，必須首先闡明理會其孝道。美國黑德蘭（Headland）卽曾明白指出，如果人們不牢記孝道乃中國人之家族的、社會的、宗敎的，乃至政治生活之根據的事實，你便始終無法理解中國與中國人的眞相（Home Life in China. p.154 ）。然晚近日本對中國學之研究，在哲學、歷史、文學等方面，雖有長足之進步，惟獨有關中國孝道之徹底研究，尚未見有任何發表，實爲大的遺憾。倘我的這篇論文，能補足這方面的缺陷於萬一，則幸甚矣。

距今約一百五十年前，長年在中國傳敎的一位名叫希博（Cibot 中國名韓國英）的法籍神父，曾發表一篇題爲「中國人有關孝道之敎理」的偉大著作。他翻譯了一切有關中國孝道的記錄，上自經傳，下迄俗諺，將中國之孝道，詳細地介紹於歐洲，震鑠當世。這位希博先生關於中國孝道之感化的廣大無邊，有如下的說法：

「自三千五百年前之古代以迄今日，中國人對孝道之尊重，正與斯巴達人之愛自由，羅馬人之愛祖國如出一轍。……孝道於今猶爲（與中國古代相同，是中國國內的）一切地位、一切階級，任何性別、任何年齡之人的最高道德，亦對各方面（中國國內的）具有關係，對各方面具有影響，且對各方面具有（最大的）勢力。因之，王位亦處於（孝道）之足下，……法庭（之審判）亦由孝道所指導，學問之殿堂亦由（孝道）所支配，無論宮廷與家庭，（孝道）均成爲中心，……一切事物均屈服於（孝道之前）。……孝道實爲中國人的國民道德。如有一言攻擊（非難）孝道，那即將成爲（對中國全國國民）的戰鬥信號。中國國民將舉國一致爲復讐而奮起，手執干戈，雖婦孺亦將爲此項戰鬥而犧牲其生命。」(Doctrine des Chinois Sur la Piété filiale〔Mémoires concernant l' Histoire, les Sciences, etc. des Chinois, Tome IV. 1779〕pp.1—3）

於希博之後百年，卽距今約五十年前，一位法國領事，同時亦爲一位知名的中國學者狄爾山氏（Thiersant），曾自「百孝圖說」之中，翻譯二十五位孝子事蹟，介紹於歐洲。他在序論中記述中國之孝道說：

「無論何人當其通覽中國歷史時，首先必定驚歎於這一偉大的帝國，絕未受其他任何民族之助力，而完全倚靠自己的力量，而達成了高度文化（Civilization）。然尤足驚歎者，厥爲此種文化（在同一狀態之下）雖追溯至極遠之古代，在其異常的（中國）國民的過去之中，決難找到原始時代的痕迹。（中國以外的）任何民族，由發生到成長，然後而至於滅亡。而唯有中國，幾乎絕對不動，宛然有無視於（榮枯的）運命之觀。然則中國究由何處獲致如此（不變不斷的）生活力量？推厥原因，實由於使此龐大的人類集團得以運轉，且成爲一切機關的唯一樞軸之一種原理而得來。此卽由（中國的）最初之立法者們，爲此帝國之存續暨社會幸福之倚恃，而制定且公布下來的最强固之基礎，卽所謂孝（道）這一教義（Dogme）而生出（La piété filiale en Chine〔Bibliothèque Orientale Erzévirienne. XVI. 1877〕pp. 1-2）。

中國之文化與社會，誠如狄爾山氏所言，其是否如此不變不動，暫作別論，然孝道爲一切中國原動力之中樞，孝道在中國爲國家之存在、社會之安寧、家族之和平，與其成爲維持文化之基礎的事實，確如希博與狄爾山之所說。因此，倘對孝道無所理解，則對中國的國體、社會、家庭、文化（至少對過去之中國），便不能作正確的理解。然則，何以孝道這一教義能在中國佔如此重要之位置？鄙意歸根結底還是基於維持夙在中國發達的家族制度之必要所使然。

中國的家族制度，自上古卽行發達。其實不僅在中國如此，卽在古代的任何國家，亦莫不實行家族制度，雖在今日盛行個人主義的西洋各國，追溯其古代，家族制度亦皆相當發達，社會的單位實爲家族(Maine; The Ancient Law. p.88)。但在西洋各國，由於種種情形，在家族制度崩潰之際，唯中國——包括以中國爲中心的東亞各國——直至最近仍得以維持着一如古代，或與古代並無大差狀態的家族制度。於是家族成爲中國社會的單位，個人成爲西洋社會的單位，這是今天中國與西洋各國的顯著差別之一（Smith; The Chinese Characteristics. p. 266 ）。

第二章

在家族制度發達之國家，一般都是盛行孝養父母和崇拜祖先，又爲維持其家族制度，必須奬勵孝養父母和崇拜祖先。孝行與祭祖雖爲兩事，而精神則一。孝養與孝享——以供物致祭於祖先之廟——對象僅有生與死之別，而精神則一。兩者均屬基於報本反始之情。在家族制度最爲發達之中國，同時無論在孝道與祭祖方面，均比其他諸多外國格外發達，此其所以並無任何不可思議之處。

中國自古以來，即對祭祖極爲鄭重。具有身分之人，當其蓋建住宅之時，首先須自奉安祖先之宗廟着手（「禮記」曲禮下）。建造家具時，第一須自祭祖時所需的祭具開始（同上）。供奉於宗廟的穀物，雖天子、諸侯，亦皆由自身耕作（「穀梁傳」桓公十四年）。祭祀宗廟所穿用的祭服，悉由王后、夫人親手紡織（同上）。四時的新味首先薦嘗於祖先之廟（

「禮記」少儀）、一家的大事必告於祖先之廟。至於婚姻，於新婦尚未廟見之時，不認爲其業經成立①。總而言之，對於家族來說，祖廟是其中心，祭其祖廟的祭祖一事，被視爲第一件大事。故嫡長子繼父爲戶主，其實行祭祀祖先之事，自父謂之「傳重」（「儀禮」喪服），自子謂之「承重」。日本「令義解」（繼嗣令）中，關於承重二字，謂爲「繼父承祭，祭事最關重要，故謂承重。」（謂繼父承祭，祭事尤重，故云承重。）此項解釋其爲根據中國傳統之解釋，自不待言。

註①中國丈夫娶妻之目的，㈠在永續家族之血統，㈡在延續祖先之祭祀，㈢在奉養父母。故妻並非爲夫之妻，乃爲父母之妻，爲祖先之妻，總而言之，乃爲家而娶之妻是已。如果忽視了此點，則難以充分理解中國婚姻的意義，以及有關婚姻的各種制度。在中國古代的婚姻制度上，有所謂納采、問名、納吉、納徵、請期、親迎等六禮，此六禮皆行之於祖先之廟（「禮記」昏義）。所謂最後之親迎，則爲婿親至女家迎娶行將爲新婦之擧也。

在親迎之當日，婿之父命其子說：

往迎爾相，承我宗事，勗帥以敬先妣之嗣。—「儀禮」士婚禮

於是婿至女家，女之父迎之於廟，在此親將女兒交與其婿。關於在廟中將女兒親交於婿的理由，「白虎通」有如下之說明：

遣女於禰廟者，重先人之遺體，不敢自專，故告禰也。—清之陳立「白虎通疏證」卷十，嫁娶。

迨女將辭別父母之家時，父戒之曰：

謹愼從爾舅之言。

母戒之曰：

謹愼從爾姑之言。

以上均見之於「穀梁傳」（桓公三年）。

新婦至婿之家，經三月，始拜其家祖先之廟。謂之廟見。廟見完畢之後，始得其家正妻之資格。在廟見未了期間，仍應稱爲假妻，因在不合於家風的理由下，恐有被送還生家之虞，始終未脫不安的位置。因此在結婚當日，由女的生家所送來（用於馬車）之馬，一直到平安廟見完畢，始終停留於夫婿之家，此爲準備萬一女兒有被送還生家之用也。此謂之反馬。設如於廟見未了期間，女因病而死，則歸葬於生家，如病死於廟見之後，則於新夫之家營葬（請參閱「白虎通疏證」卷十，嫁娶之條）。由上述各種婚姻制度推之，娶妻並非爲其夫，勿寧爲其祖先與父母而作爲之精神，不亦至爲明顯？關於中國古代婚姻制度的詳細情形，請參閱陳顧遠於民國十三年所出版之「中國古代婚姻史」和法國格拉內（Granet）的論文（Coutumes matrimoniales de la Chine antique〔Toung Pao. 1912〕，在此僅止於證明中國古代之婚姻，並非爲人（＝當事之男女），而係爲家（＝父母、祖先）而已。直至晚近，中國之婚姻在形式上雖有多少改廢，然在精神上並無特殊變化。即嫁娶乃爲家的問題，而非人的問題，故當事男女的意志並未被視爲重要。在民國成立後所通過的「民律草案」（第一千三百四十一條）中，始着重婚姻當事男女之意志，婚姻不僅是爲家，也合併明示了爲人的主旨，此確爲三千年來破天荒（慣例）之創舉也。

中國至晚於周朝時代已出現了宗法，其目的在於結合和親由同一祖先所生出的一族。這種宗法的中心在於崇拜祖先。故每當歲時，宗家咸聚於祖先之廟，會合一族而舉行祭典，族人則集於宗家助祭，由是而謀一族之親睦，序長幼（請參看大正二年一月「東洋學報」所載服部博士「宗法考」）。宗法的形式雖已逐漸崩壞，然其精神傳統後世，差異無幾，現在中國許多世族舊家，每家均設有家廟，每一族都建有宗祠，具有公墓與祭田。生而與一族共列宗祠之祭，死而與一族同葬於一個塋域，這對中國人來說，乃是終生的願望。不道德或不謹愼的族人，由同族人給予懲罰，一年之間禁其參列宗祠祭祀，所謂停胙（禁止參加祭祀）即受一年的懲罰也。情狀更重者稱爲出族，卽開除於一族之外，禁其死後埋葬於一族之公墓。這種懲罰不僅中國人認係奇耻大辱，同時亦爲大的苦痛，幾至在社會難於生存。對於情狀最重的極惡之輩，據傳可由一族之人加以淹死或活埋一類的嚴酷私刑（Moellendorff; Le Droit de Famille Chinois. p.74）。

出生於北宋中期的包拯（包孝肅）乃一位聲望極高的廉剛之官吏，他對其子孫曾有遺命說：

後世子孫如有仕宦而犯贓者，不得放歸本家，死不得葬大塋中，不從吾心，非吾子若孫

也。（「宋史」卷三百十六）

浙江鄞縣的范氏天一閣，爲中國著名之藏書家，對藏書的散佚，防備綦嚴，隨意帶出閣書（天一閣之藏書）或典鬻之者，依同族之決議，照其情狀之輕重，規定可禁止其一年、三年或永年參列祠堂（請參閱「天一閣藏書總目」卷首所載，清阮元「范氏天一閣藏書自序」）。清曾國藩建回天中興之偉勳，聲威赫赫，居住於其故鄉湘鄉一族的子弟，仗曾之勢力，橫行不法，知縣無法管束。身爲兩江總督駐紮於南京之曾國藩，得悉其事實，乃請其夫人代其返回湘鄉。夫人會族人於一族之宗祠，在祖先神位前，綁縛不法子弟，刑杖數百，然後送請知縣懲治。懍於這種做法，爾後曾國藩一族之子弟，無不拘謹持身了（民國柴萼「梵天廬叢錄」卷四，曾文正公二十六則之條）。

同一祖先之一族，多作宗約與宗規，不僅用以制裁不道德的族人，且藉以處理解決發生於一族之間的爭議、災厄，和一族的敎育、救卹等一切事件（請參閱清張仲嘉「齊家寶要」卷上，廣池博士「東洋法制史本論」二八五——二九六頁，Martin; The Worship of Ancestors〔Records of the general Conference of the Protestant Missionaries of China. 1890〕pp. 622－624）。由於這種宗族的結合力，中國國內治安，得以維持到何等程度，不難想像。但因宗族之結合力乃以崇拜祖先爲中心，故中國歷代政府，對於祭祖的風俗，無不努力加以獎勵與保護。故無論「禮記」祭統所說的「凡治人之道……莫重於祭」也好，「禮記」坊記所說的「修宗廟，敬祀事，教民追孝也」也好，「論語」學而第一所說的「愼終追遠，民德歸厚矣」也好，皆莫非述說此種道理。近世淸雍正帝在其「聖諭廣訓」之中，亦以「立家廟篤家族」斷定爲天下太平之本源。是以中國自古代即不許買賣祭器與墓地（「禮記」王制）。元代則嚴禁買賣祖先的墓地與墳墓之樹木（＝丘木）（請參看「元典章」卷五十，發塚之項）。淸代對建置宗祠之土地，可供宗祠費用之田地，亦決不許買賣。倘有知悉其情狀而仍予購買者，則將其土地或田地歸還原所有者，已交付之價款則沒收歸官（「淸國行政法」卷二，頁二六九）。凡此規定，在保持墳墓與宗祠之神聖上，固有其宗教上的目的，但勿寧說祭祖之風，實由於在國體上、社會上必須予以維持的政治上之目的。

第三章

父母是現實的祖先。如此崇拜祖先的中國人，自然要勿怠勿荒地孝養父母。孝道第一的儒教勢力與歷代政府孝治主義的方針，更助長了此種風氣。爲人子者無論在任何場合，須對父母絕對服從。此卽中國人之孝道。縱令父母有非理與不道之處，在人子的立場，也不得對其有所違背。舜事頑嚚（作頑固而無理解）之父母的事蹟——自然其中之大部分出自後世的附會與修飾——，實爲人子對父母之模範。孝順父母的教訓，上自天子下迄庶人，爲必須遵奉的教訓。無論有任何事情，爲人子而反抗父母，由中國人的道德觀點看，均屬不可想像。萬一有對父母欠缺順從，而敢出於反抗者，無論其人之地位如何，究竟不能生存於中國社會②。

註②「左傳」昭公三十二年史墨之言曰：

「社會無常奉，君臣無常位，自古以然。」中國自古以來爲革命之國，實行廢立之國，然中國人亦並非在任何場合，均可實行革命與廢立，且予以承認。唯只限於理由特別之下，革命與廢立纔被承認。率直言之，君主唯有違背孝道時，革命與廢立纔會爲人所承認。依照中國人的信仰，君主受天之委任以增進國民之幸福，爲天之（養）子而統治國民者，故稱君主爲天子（參看「荀子」大略篇、「春秋繁露」三代改制篇等）。倘天子不行仁政，不能增進國民幸福，即爲違背天命，必失天子之資格（參看「春秋繁露」順命篇）。所謂天命去者，即天子被其假定的父親天所罷廢，解除其做爲君主的委任。中國古代，得民衆之歸服者，就君主之位，爲民衆所離棄者，則去君主之位，此雖爲事實，然並非由民衆直接廢立君主，而係通過天這一假想的或假設的機關，實行間接的廢立。故說君主因失民心而被廢，比較起來仍以不得奉假想的（擬制的）父親之天命，（從而失去了民心）而爲天所廢。不論實際如何，在理論上不得不作如此解釋，革命與廢立，唯限於君主對其假想的（擬制的）父親―天，怠慢了天的兒子之義務，違反孝道之時，方被認爲是合理的。

君主若對擬制的（假想的）父親―天失去孝道，君主即將失去天子的位置，因此，如對自己實際的親人之祖先與父母失去孝道，他不是失去了君主的位置，便是變成爲無資格做君主之人，而失去了人望。東周的襄王因與其母分居，而未盡到人子之禮，故「公羊傳」（僖公二十四年）以其爲無君主資格之人，加以嚴厲的筆誅，西漢的昌邑王，不勤於其先帝孝昭帝之喪，有悖孝道，而被大臣霍光所廢（「漢書」卷六十八，霍光傳）。南宋之光宗，因對其父壽皇孝宗，欠定省之禮，未盡孝道，故大受全國臣民之非難，由於宰相趙汝愚之安排，使光宗隱居以緩和人心（參看「宋史」卷三百九十二，趙汝愚傳）。近代，前清的西太后廢光緒帝，欲立大阿哥溥儁時，也强調光緒帝對其不孝（Bland and Backhouse; China under the Empress Dowager . P.252）凡此等事實，都是以證明上文所介紹的希博之說—（在中國）即使王座也要處於〔孝道的〕足下之說。

中國人在庭訓時常有鞭笞的準備。父字篆文作，「說文解字」（卷三下）解釋爲以手執杖之象。爲人父者，不能忘記責罰兒子的杖。嚴父慈母爲中國傳統的熟語，但於父死後，由母親代父揮杖責罰之事，亦非稀有。在此種情形下，中國人亦無論其立身如何，無論其已如何老成，更無論其爲如何無教育的下賤之人，都順從地接受父母的夏楚，像梁朝的王僧辯，爲當代名臣，年逾四十，官至將軍，猶因觸怒其母魏氏，而順從地受其笞打（北齊顏之推「顏氏家訓」教子篇第二）。

唐代浙西觀察使的李景讓，因虐待部下官員，有傷部下軍隊感情，部下一致反抗，行將釀成突發之鉅變。景讓的老母鄭氏見事急，呼來景讓，責其行爲不愼，褫其衣，令其跪座庭前，加以楚撻，四周環視之軍隊，均爲感動，一場行將爆發的變故於焉平息③。王僧辯與李景讓雖爲老成之高官，然對母親的笞楚亦無不順從地接受，此其例證也。

註③李景讓之事見「資治通鑑」唐紀六十四，會昌六年項下，其記載如左：

初（李）景讓母鄭氏性嚴明。早寡家貧。……諸子皆幼。母自教之。……三子景讓、景溫、景莊皆舉進士及第。景讓宦達，髮已斑白。小有過，不免捶楚。景讓在浙西，有左都押牙，忤景讓意，景讓杖之而斃，軍中憤怒，將爲變。母聞之，景讓方視事，母出坐聽事，立景讓於庭，而責之曰：天子付汝以方面，國家刑法，豈得以爲汝喜怒之資，妄殺無罪之人乎？萬一致一方不寧，豈惟上負朝廷，使垂年之母，銜羞入地，何以見汝之先人乎？命左右，褫其衣，坐之，將撻其背，將佐皆爲之請，拜且泣，及久釋之，軍中由是遂安。（弟李）景莊老於場屋，每被黜，母輒撻景讓，然景讓終不肯屬主司，曰朝廷取士，自有公道，豈敢効人求關節乎？久之宰相謂主司曰，李景莊今歲不可不取，可憐彼翁每歲受撻，由是始及第。

又如清初之功臣洪承疇，亦與王僧辯李景讓同樣受其母親的笞楚。洪承疇原爲明之總督，防禦遼東，戰敗被虜，遂降清。他爲僅次於吳三桂的漢人功臣，清廷曾對之大加優遇。當其希自福建鄉里，迎接老母前往北京，聊盡孝養，老母入京後，甫一見面，其母卽責其叛明降清，不忠不義，用手杖予以迎頭痛擊（見清朝劉獻廷「廣陽雜記」卷一）。在此所以僅舉母親痛責人子之例者，因父親之責罰極爲普通，故爲之省略耳。

英國傳敎士格雷（Gray）曾在廣東地方目擊一項事實，一個青年船夫因賭輸而求助於老母，而觸母之怒，遂將之推入河中，浮起之後又按之水中數次，此青年未敢稍形反抗。又在杭州地方目覩一名三十歲之男子，偷竊母親的私藏飲酒浪蕩，某日泥醉歸家，爲老母所發現，六十歲之老母用隻手抓住其子的辮子，用另隻手給予痛打，然泥醉者竟柔順如羊，任憑老母所爲（China; Vol. I, pp. 234－235）。不論具有高位之大官或田夫野人，一律服從父母，實爲中國之特色，亦爲中國之國粹。

中國的政治組織，爲一種家長政治（Patriarchy）。家族是天下的原型（Prototype）。依照中國人的所信，天下乃大的家族，家族爲小的天下。故稱國爲國家，稱天下爲天家，又謂之天下一家。在此國家與天家的成語之中，很顯現了以家爲國與天下之原型的思想④。

註④在先秦時期的古代，普通指諸侯的領土爲國，指大夫的采邑與邸宅爲家，在許多場合此二字並未成熟爲一個名詞，縱令二字成熟爲一個名詞時，它亦未必像今天一樣，立即意味爲國（參看淸阮元「經籍纂詁」卷二十一）。國與家二字成熟，而成爲所謂國家這一名詞，而表示爲一國的意思，究竟起於那一時代，目前尚欠明瞭。「書經」立政篇所載「其惟吉士，用勱相我國家」的國家，由前後文句對照看，與國的意義相同，似乎幾與今日的國家具有相同內容，然尚不能斷言。秦漢以後封建之制度壞，國家二字乃普通成爲一個名詞，且具有了國的意義。「晉書」食貨志說「王公以國爲家，京城不宜復有田宅」，至遲於三國、西晉之時，（事實上自然是在此之前）即已出現了一國即一家之思想，故國家這一名詞，似已約略與今日具有同一內容，而爲人所使用了。自東漢時代到兩晉時代，亦稱天子爲國家（「資治通鑑」晉紀十七，咸康三年項下，元初胡三省註）。此似爲視一國爲一家，由統治其國家而生出的名稱。

據我所知，中國註釋家對於國家這一成語的來歷，尚未見有給予明晰解釋之人，愚意以爲這實在是需要再稍加查覈的問題。梅蘭多爾夫（Moellendorff）將國家譯爲 la famille nationale，因爲把國視同一個家族，故解釋說這樣稱呼已經成立（Le Droit de Famille Chinois. P. 7）此雖爲臆說，但是極爲妥當的解釋，想不致有所差誤。

天家這一成語，見於東漢末蔡邕所著的「獨斷」之中，他說「天子無外，以天下爲家，故稱天家」，據此，原來係指的天子，但這必須以天下一家的思想爲前提。故所謂天家這一成語，事實上雖係指的天子，但在理論上也是應該表示天下是一家的。在這一點上，我以爲它與上面所說國家這一名稱多少有些相似。天下一家這一成語，曾見之於「禮記」之禮運「聖人能以天下爲一家」，以及「漢書」高祖本紀「今吾……定有天下，以爲一家」（十一年紀）。大致具有同樣意義的「天子以四海爲家。——七年紀」一語，亦見之於高祖本紀。

天下與家族，祇範圍廣狹之差而已，實質上並無任何不同。父爲小天下之君，天子爲大家族之父。故謂天子爲民之父母（「書經」洪範），人民爲（天子之）赤子（「書經」康誥）⑤。在一家之中盡孝於父之心，照樣亦即對天子盡忠之心。忠與孝實質是一樣的。故「禮記」說「忠臣以事其君，孝子以事其親，其本一也。——祭統篇）。盡孝於其親者，自然亦能盡孝於天下之父母的天子。此即謂之忠。在孝之外，別無勸忠之必要。此在「禮記」中謂之「孝以事君」（坊記），在「孝經」中則說「君子之事親孝，故忠可移於君」（廣揚名章），「以孝事君則忠」（士章），「戰國策」則說「父之孝子，君之忠臣也——趙策」，在「孝經緯」中更有「求忠臣必於孝子之門」——「後漢書」卷五十六、韋彪傳所引，此所以此等諺語，在中國人之間，已被服膺爲不動不變之眞理矣。

註⑤家長政治古來卽已在世界各種族之間實行（Spenser; Synthetic Philosophy. Vol. I PP. 697－713）。然而像中國如此大規模，而且在悠長的歲月中所實行的家長政治，在世界歷史上，可說尙少類例。故此點相當引起西方學者之注意。法國的希博曾說：

根據（中國）的孝道，君主卽臣民之父，臣民卽君主之子。……人口無論如何多，又無論土地如何廣，所有的省（Provinces）都成爲一個大的家族，正像古人所說，皇帝是其大家族的（父與母） la Pérevet la Mère —。這項崇高且使人感動，所謂表現（父與母）的言辭，（實）給予中國（國體的）最高貴的觀念，也是（最能開啓）這一大帝國永續之謎的鑰匙〔Doctrine des Chinois sur la Piété filiale. P.2）。

荷荷蘭的何洛特（Groot ）也說：

在中國，各國（State ）自不待論，卽屬天下亦爲一家族的延長，將其國或天下之主權者（諸侯或天子）的權力，視做（在家族內的）家長Paterfamilias 權力之延長，乃是一貫的政治上之主義。這種主義最能由「天下爲一家」的文句，簡明地表示出來。……是故如同人子對父親之爽一樣，臣下對天子與諸侯之喪，也建立了應服三年之喪的規定，確實有其道理（The Religious System of China. VOl.Ⅱ, P. 509）。

中國古來是君主專制的國家。因之當然要着重於忠君，但與孝行仍不能比。縱使忠孝並列，在多數場合，中國仍將孝置於第一。孝字，雖僅表示子對親的道德，但忠字却未必僅限於臣對君的道德。「說文解字」解釋孝字說：「善事父母者，從老省，從子，承老也。」——卷十四下）。那就是說，孝字乃由子與老二字所造成的會意文字，子上奉老親，表示應對其從順之意的文字。南宋王遂對孝字的解釋說：「學者學乎孝，教者敎乎孝，故皆從孝字。」——南宋王應麟「困學紀聞」卷七。此種解釋過於附會，使人難據以憑信（清錢大昕「養新錄」卷四，宋人不講六書條），此種附會之說，結果無論中國的學問也好、教育也好，歸根結底我想一切還都是由孝道第一之處所發生。

忠字是由中與心二字所合成，它是指心不向一方有所偏私而言。「說文解字」（卷十下）說「忠敬也」，「左傳」（成公九年）說「無私忠也」，比較起來這纔像似忠字的本義。故古來普通均以忠信二字並稱。如此說來，所謂忠乃對他人普遍竭盡眞心，㈠對朋友竭盡眞心可謂之忠，㈡對君上竭盡眞心，亦可謂之忠，㈢對臣民竭盡眞心，一樣可稱之謂忠。「論語」學而篇所載「爲人謀而不忠乎」，卽指對同輩盡忠，「左傳」（僖公二十三年）所載「子之能仕，父敎之忠」，爲指對君上之忠。同此「左傳」（桓公六年），所云「上思利民忠也」，謂君上之對臣民忠也。如此可知中國古代說明對君所應盡之義務，並無特別文字。主要將忠解釋爲忠君的意思，乃後世之事，或許起自戰國至秦漢時期，同時將忠與孝相配，而至忠孝並稱。

第四章

中國歷代天子，均奉「以孝治天下」（「孝經」孝治章）之金科玉律，以獎勵孝道，爲政治之第一要諦。對於孝行之人，或與以官爵，或加以旌表，或免其租稅，以示獎勵。在一切經書之中，特別勸進「孝經」的講習。以是，東晉元帝有「孝經傳」，孝武帝則有「孝經講義」（「欽定四庫全書總目」卷三十二）。又梁之武帝作「孝經義疏」，簡文帝亦作「孝經義疏」（「參看隋書」卷三十二，經籍志）。唐代玄宗有「御注孝經」，清順治帝有「御注孝經」，康熙帝有「孝經衍義」，雍正帝更有「御纂孝經集注」（參閱「欽定四庫全書總目」卷三十二及「聖諭廣訓」）。僅限於「孝經」一書，竟如此疊次由天子親自加以注解，畢竟不外宣諭臣民孝治的主意⑥。

註⑥在「孝經」開卷處有「仲尼居曾子侍」之語，此書是否爲孔子與曾子的述作，多少尚有疑問。且該書的制作年代亦不明瞭。清丁晏的「孝經徵文」，雖已證實該書爲古書，但對上述兩項疑問，並未給予直接解決。據東漢末蔡邕所著的「明堂論」，戰國初期的魏文侯曾作「孝經傳」（後漢書卷十八，祭祀志注所引）。魏文侯的時代，與曾子的時代頗爲接近，故如果他眞的作了「孝經傳」，則「孝經」一書在曾子時代可說業經存在了。但以「孝經傳」自「漢書」藝文志開始，以及其他古代文獻，均未曾加以收錄介紹，故僅以蔡邕之所傳，仍難據以爲憑。

但另方面在「呂氏春秋」卷十六察微篇，曾以「孝經曰」的字樣，引用現今「孝經」的本文，又西漢司馬遷所著「史記」的仲尼弟子傳之曾子傳中，亦有「孔子……授之業，作孝經」的記載，如將此等說法合併觀之，「孝經」至晚在戰國時代，似已經曾子門人之手筆錄下來。至其內容，大體上是依據孔子與曾子的講話，其間恐還有由後人特別的增益。從來歷說，在儒教經典之中，其所佔的地位，應與「論語」「大學」等，處於伯仲之間。「孝經」自漢代起，早已與「論語」相並行，其所受之尊重僅次於「五經」，流傳廣而時間長，曾給中國、日本、朝鮮等東亞國民，極大之感化。

東漢末期憂涼州地方寇變不絕，計劃使該地方每家講習「孝經」，以期緩和人心（「後漢書」卷八十八，蓋勳傳）。唐玄宗天寶三年（公元七四四年）勅天下，每家備孝經一本，使之講習（「唐會要」卷三十五，經籍之項）。日本亦仿唐制，於孝謙天皇的天平寶字元年（公元七五七年），勅令天下每家備「孝經」一本，勸爲講習（「續日本紀」卷二十）。元武宗大德十一年（公元一三〇七年），將蒙古語譯「孝經」下賜諸王以下。在「元史」卷二十二武宗本紀中，載有左列記事：

（八月）辛亥，中書右丞孛羅鐵木兒，以國字譯孝經進。詔曰：此乃孔子之微言，自王公達於庶民，皆當由是而行。其命中臺省，刻板模印。諸王而下，皆賜之。與此蒙古語譯「孝經」，又令人聯想起後魏時代的鮮卑語譯「孝經」了。南宋鄭樵曾就後者說過下面一段話：

國語孝經一卷

魏氏遷洛，未達華語，孝文帝命侯伏侯可悉陵，以夷語譯孝經之旨，教國人。

用鮮卑語及蒙古語譯出「孝經」者，乃爲使種人（＝塞外邊疆民族）講習，由此可知對自己種人都能勸學「孝經」的後魏孝文帝與元之武宗，不難想像其對領內的漢人，自更能勸進了。

在清順治帝六諭中，置「孝順父母」於第一，康熙帝上諭十六條之第一，亦爲「敦孝悌以重人倫」，均不外以孝治主義係平天下之要諦的證據。順治和康熙二帝的這兩件上諭，實卽清代的中國教育勅語，恰與我日本國民對明治天皇的教育勅語一樣，當時官民對此上諭主旨的宣講與貫徹，都曾盡了全力（「清國行政法」卷三，三九八——四〇〇頁）。詳述這兩件上諭之意義的「六諭衍義」與「聖諭廣訓」，在德川時代流傳至廣，對日本國之風化，寄予了大的裨益。

不但如此，中國的天子自古卽親自實行養老之禮，以示萬民孝弟之範。此卽天子親蒞（臨）太學，選天下有德的老人爲三老、五更，三老擬父，五更擬兄，對其執子弟之禮，在萬人環視之中，屈天子之尊，親自勸酒侑（勸）肴。「禮記」祭義說：

食三老五更於太學，天子袒而割牲，執醬而饋，執爵而酳（音胤，漱口也），冕而揔干（舞具）。

意謂當招待三老五更於太學之時，天子露臂割牲，取醬送食，執盃敬酒，冠而執干以舞。明丘濬在其「大學衍義補」（卷七十九）中，對於此種養老之禮的目的闡述如左：

臣按。王者之養老，所以敎天下之孝也。必於學者，學所以明人倫也。人倫莫先於孝弟。……人君致孝弟於其親長，下之人無由以見也，故於學校之中，行養老之禮，使得於聽聞觀感者曰，上之人於夫人之老者，尚致其敬如此，矧其親屬乎。萬乘之尊且如此，吾儕小人，所以興起感發也。

天子實行養老之禮，並非僅刋載於古典的空理想，是在後世亦在實行的確切事實。像東漢的孝明帝、曹魏的高貴鄉公、後魏的孝文帝、北周的武帝等，實行養老之禮的天子決非稀有（「玉海」卷七十四）。自唐的「大唐開元禮」（卷百四，皇帝養老於太學之項）以來，僅於養老之儀注有所詳細規定，而天子則絕無實行之人，誠屬遺憾。清康熙帝和乾隆帝所舉行的千叟宴（款待千位老人的宴會），雖以優遇老人之意爲主，但同時亦加有獎勵孝弟之意（參看「九通分類總纂」卷八十七，嘉禮二，養老之項）。

兩漢的天子，除西漢的高皇帝（劉邦）與東漢的光武帝（劉秀）二人外，均持有孝的謚號，西漢的孝文帝、孝武帝、孝宣帝，東漢的孝明帝及孝章帝等，皆有孝的謚號。霍光傳中所說的「漢之傳謚常爲孝者，以長有天下，令宗廟血食也。」——（「漢書」霍光傳）。隋以前中國天子之謚，普通爲一字，二字之謚亦多，但無二字以上之謚。如爲一字之謚時，當然稀有用孝作謚者，即使用二字作謚時，亦有不以孝爲謚之天子，然此殆可認爲應有而故爲之省略也。誠如「逸周書」謚法解所云「謚者行之迹也」，乃依照其人生前之行爲，死後定以相當的謚號。以孝治天下，作之君同時又作之師，對於中國的天子來說，孝乃其第一必須的資格。謚法既定「慈惠愛親曰孝」，則中國的天子，皆應具有孝的謚號了。缺欠應有的孝字作謚者，乃省略而未加也。在一字或二字之謚的場合，則必須解釋爲於足可表示那位天子的特質的謚而止，至於天子所應共同具有的孝字，便在謚中省略了。

唐宋以後謚天子的字數逐漸增加，一字二字之謚成爲五字七字，更增益至十數字，至清代二十字以上之謚，已屬普通⑦。是以唐宋以後的天子之謚，必加孝字。縱其爲夷狄出身，曾統治中國之一部份或全部的遼、金、元、清各朝天子，在其謚號中缺欠孝字者，可斷言絕未之見。唯明太祖之謚，稱爲開天、行道、肇紀、立極、大聖、至神、仁文、義武、峻德、成功、高皇帝，獨缺孝字。明孝宗之謚爲建天、明道、誠純、中正、聖文、神武、至仁、大德、敬皇帝。這裏也不見有孝字。諸如此類者，實爲稀有之例。但如果反過來想，這兩位天子的謚號中雖缺欠孝字，但亦毫不足怪。因太祖之陵號爲孝陵，孝宗之廟號爲孝宗，在廟號與陵號之中，均已有孝字之故耳。孝治主義的中國天子，在其謚號、陵號、廟號之中，完全缺少孝字，可說在中國國體上是絕無可能之事。

註⑦在歷史上慣用的中國天子之通稱，以唐爲境界，其前後是有別的。即隋以前之天子　均如西漢的孝文帝或西晉的武帝，稱其謚號，唐以後之天子，則像唐太宗與宋太祖一樣，稱廟號了。原來廟號是王者有功爲祖，有德爲宗，「王者祖有功、宗有德」——（「書經」無逸篇疏及「漢書」孝景本紀元年詔），天子之中亦特別僅限於功德崇高之人才應有，普通之天子則無廟號。例如西漢之天子僅有高皇帝（太祖）孝文帝（太宗）孝武帝（世宗）孝宣帝（中宗）——此外孝元帝雖有高宗之廟號（「漢書」平帝本紀，元始四年條）、孝元帝既非功高德崇之天子，故史家之中，竟也有不予承認之人，因此將其暫時除外——等四位天子享有廟號。享有廟號的廟，受特殊待遇，縱無後代，但祭享不墜。然降至後世，雖無功德之天子，亦立有廟號，至唐以後，凡屬天子皆有了廟號。一方面天子的謚號增至五字，再增至七字，逐漸在使用與記憶上，都不便起來，另方面天子皆有了廟號，其廟號因限於一字才覺方便，故唐以後歷史上一般都稱廟號了。元初胡三省注意到自唐太宗後，爲臣子者，率稱其君之廟號，豈非子孫臣民，非病甚謚號太多非實，而古者祖有功宗有德之義微乎。——「資治通鑑」唐紀十五，貞觀二十三年之條。

研究中國歷史者，對於此等廟號與謚號的異同與變遷，必須預爲知道。

中國的天子無論如何愚暗，在其治理天下之期間，決不忘記孝道。例如唐之敬宗，史臣即評之爲「寶曆不君，國統幾絕」——（「舊唐書」卷十六，贊），他是一位放擲政治、耽溺遊樂、不德的君主，雖然如此，但他仍有「以孝治天下」的準備。在敬宗時代，有一位位於國都長安附近鄠縣名喚崔發的縣令，曾逮捕數名在其轄縣內毆辱百姓之坊人，詰之乃知其爲天子之中使。敬宗平素信縱宦官，以爲崔發曳中人爲不敬，繫之於獄。崔發在獄中備受中人淩辱，被挺捶，破面折齒，氣絕而復蘇。百官憐其寃，懇請放免，而敬宗不聽。有李逢吉者，爲敬宗所信任之節度使，從容言於敬宗曰：發輒曳中人誠大不敬，然其母故相韋貫之之姊也，年垂八十，自發下獄，積憂成疾，陛下方以孝理天下，此所宜矜念。敬宗乃愍然曰，比諫官但言發寃，未嘗言其不敬，亦不言有老母，如卿所言，朕何爲不赦之。卽命中使，釋其罪，送歸家，仍慰勞其母。——見「資治通鑑」唐紀五十九，寶曆元年條。

像敬宗這種昏君，尚在所謂孝治的大憲法之前，如羊一般地順從，寧非趣事？

北宋之徽宗資性風流多藝，要爲亡國之君。史臣斷定其國破身辱，靖康之難的責任，應由徽宗及其宰臣蔡京負擔（「宋史」卷二十二，徽宗本紀贊）。然如此如此的徽宗與蔡京，亦未忘「以孝治天下」的責任。徽宗時民間某人有殺父之嫌，被繫於獄，徽宗對此不祥事件之發生，非常痛心。設如此事公布於世，則他將以未能以孝化民不德的君主，醜名流於千載。爲顧全體面，徽宗商之於宰相蔡京，傳旨於典獄，使嫌犯於獄中自殺，使此一弑父事件，在暗中抹消。南宋初期蔡條所著「鐵圍山叢談」卷二有如下之記載：

政和甲午（四年，公元一一一四年）有告人殺其父，王府獄具，祐陵（徽宗）與魯（魯國公蔡京）深恥之，不欲泄，第命於獄，賜盡焉。

徽宗所採取的方法，當然不爲人所贊同。他所應該首先反省者，是如何纔能使類似事件不再發生。使嫌犯自殺將事件暗中隱藏，以圖掩蔽天下後世耳目，實屬莫大錯誤。然而方法的錯誤歸錯誤，至於其間像徽宗與蔡京這樣亡國的君相，仍然能對「以孝治天下」這種傳統政策的責任感，意外地敏銳之點，似亦值得重視。

第五章

孔子所集大成的儒教是家族主義，孝弟爲其教義之中心。自稱「述而不作，信而好古」的孔子教義，是家族主義，其所以重孝弟，當然是受了當時時代影響的結果，當儒教成立並獲得了勢力，實於中國家族主義之維持與孝道之獎勵上，作了偉大貢獻。

在孔子教義中，仁居於第一位，仁字由人與二兩字所造成。其意義亦即二人並立之意。因人與人相對時，方發生親愛之情，一人獨處，親愛之情便無由發生。故東漢許愼在其「說文解字」之中說「仁親也」，淸段玉裁更就仁親也的意義敷衍引申說：

獨則無耦，耦則相親，故其字從人二。——「段注說文解字」第八篇上。

人與人之所以相親愛，自親（母）子之愛情始。以親這一個漢字，兼表父母和愛情的道理，想即基於這種原因。繼親子之愛而出現者，爲兄弟之愛。故不能不認親子、兄弟間之愛的孝弟，爲仁之根本。「論語」學而第一篇，明白記載道：

君子務本，本立而道生，孝悌也者，其爲仁之本歟。這句論語裏的話，有人以爲是有子說的，有人以爲是孔子所說（清朝翟灝「四書改異」條考三）。至於說有子曰，孔子曰，究竟何方正確，姑置不論，總而言之在儒敎中認孝弟爲仁之本，是無可置疑的。「孝經」之所以謂「孝爲德之本」（孝德之本也。——開宗明義章），蓋德之本亦即仁之本，其所述之意義實屬一致，而並無差別也。

孝弟爲仁之本，但它並非就是仁。孝弟的愛情所及之處，僅止於血親父兄之間，範圍狹。仁的愛情所及之範圍，必須遠爲廣大。故孔子敎義之中，將所謂孝弟這一血親的愛情，做爲擴大爲仁這一普遍愛情的方法，忠與恕二者都成爲必要。關於忠上文已有所介紹，其本義卽「無私忠也（「左傳」成公九年），謂公平無私也。恕者，卽如造字方法所示，視人如己而予以同情也。西漢賈誼「新書」道術篇說「以己量人謂之恕，此恕之本義也。唐孔頴達對忠恕二字所下之解釋「如心曰恕，如下從心，中心曰忠，中下從心，——「周禮注疏」卷十，鄉三物，一曰六德疏）可謂得其要領。忠與恕亦有區別，忠者謂對自己之制裁，恕謂對他人之同情。其差別在一爲消極的，一爲積極的，然兩者乃應相倚且相助者也。

人愛自己以外之人的感情，卽仁的萌芽，首以孝弟而發露，但僅孝弟仍不過親愛自己血親一小範圍之人。故有將此限於父子，兄弟小範圍的愛情，推及於一般人衆大範圍之必要。

故必須依照忠恕之道打破人我彼此之別。依照忠恕方法，推孝弟之心至其極端，便可到達所謂天下一家，四海兄弟的博愛之仁，在「孟子」裏有：

老吾老以及人之老，幼吾幼以及人之幼，天下可運於掌。……舉斯心加諸彼而已矣。故推恩足以保四海，不推恩無以保妻子，古之人所以大過人者無他焉，善推其所爲而已矣。——梁惠王上。

這樣一段話，就是闡述這個意思的。

孝弟是仁的根本，仁是孝弟的發展，而忠恕實爲聯絡這兩者的東西。孝弟、忠恕與仁之三者，在孔子敎義之中，成爲鼎足之勢。缺少其一，則孔子之敎義便難成立。因爲從孔子敎義的出發點（孝）起，到歸結點（仁）的連鎖是忠恕，故可說忠恕爲孔子敎義的一貫。因此「論語」記載孔子與曾子的應對時，孔子說「吾道一以貫之」——（里仁第四），曾子則解釋說「夫子之道忠恕而已矣」。

擴張了的仁，幾乎近於博愛。例如唐朝韓愈這樣的儒者，卽曾明白指出「博愛之謂仁」（「韓昌黎集」卷十一，原道）。然孔子之仁是以孝（弟）爲本，博愛亦不過爲仁之擴大而已。故如與根本之孝（弟）不絕緣，則仁的範圍無論如何擴大，在其範圍之中，仍不能不附有親疎之餘地。孔子之仁並非像墨子之兼愛那樣無差別的博愛，實爲差別的博愛。這種差異，爲區別孔墨二家之要點，自不待言，而明確指出兩者之不同的，實爲孟子。他爲了區別儒教之仁與墨家之兼愛，他曾將仁義合併講說，主張行仁必由義，應立親疎之差別，離開了義，換言之，與孝（弟）絕緣的仁，則非儒家之仁。這項解釋是儒家的憲法。故離開孝（弟）儒教是無法存在的⑧。孟子說「堯舜之道，孝弟而已矣」。（——「孟子」告子）。故如祖述堯舜者爲孔子，則雖稱「孔子之道，孝弟而已矣」，也應無大的不可之處。講述孝道的「孝經」，其所以應在儒教經典中佔一重要地位者，其原因全在這裏。

註⑧孟子以墨子之兼愛爲無視於親疎的差別，故斥之爲「墨子兼愛，是無父也」（滕文公下）。「孝經」亦斥無視親疎之差別，或逆施（正反對的行爲）之人，經文說：

「不愛其親，而愛他人者，謂之悖德，不敬其親，而敬他人者，謂之悖禮」——（聖治章）。

曾子亦說「無內人之疎，而外人之親。——（「荀子」法行篇第三十）。給愛設立等差，爲儒教之生命。因爲給愛立了等差，故在儒教中，不將有恩與有仇者一視同仁。如「論語」。

「或曰：以德報怨如何。子曰：何以報德。以直報怨，以德報德。」——（憲問十四）

中所載，孔子很明顯地是將有恩德之人與有怨讐之人，加以區別，對於所謂「以德報怨」那種無差別的博愛，不表贊成。同此，「禮記」之中亦載有孔子的話說：

「子曰，以德報怨，則寬身之仁也，以怨報悳，則刑戮之民也」——（表記第三十二）。

對於「寬身之仁也」這句話，解釋說，「寬猶愛也，愛身以息怨，非理之正也。」（「禮記注疏」卷五十四）。在此姑不論鄭玄的解釋是否得到了孔子的眞意，但孔子不以「以德報怨」之行爲，要求做爲一般的道德，則不容置疑。

孔子不贊成「以德報怨」的博愛之點，西方學者一般認爲對於基督教之博愛，頗有遜色，因之而非難儒教。像雷格（Legge）這種對儒教具有理解的中國學者，也就此點對孔子作了如下的非難：

「孔子〔之教義〕如自基督教的博愛標準觀之，是相當差的。……「不脫却恩讐之區別」這點，對孔子之教義實爲一大障礙」（The Chinese Classics. Vol. I P. 111）。

雷格對儒教非難的正面反對，亦卽孟子對墨家的非難。原來儒教之仁與墨家之兼愛，以及基督教徒的所謂博愛，在性質上亦僅屬或大或小的差別，以一方之標準，而對不同性質之主張，論其優劣，自屬偏見。雷格的非難和孟子的非難，總也不免有所偏也。

第六章

現在翻轉過來再看看本論文的主題，中國法律，在這方面，家族主義與孝道第一主義，也發揮得最爲鮮明。大體說來，中國之法律爲德治主義的法律，而非法治主義的法律。所謂德治主義的法律者，其意義卽爲法律乃道德之延長是也。中國政治家自然亦認識法律爲治國所必要，但同時相信禮與刑應有同一目的。禮與刑僅有防於未發及懲於已發之別而已。補禮之所不及者謂之刑。禮爲本，刑爲末；禮爲主，刑爲從，雖有本末主從之差，但兩者之目的則一。此爲中國政治家之信條。「論語」爲政第二說：

道之以政，齊之以刑，民免而無耻，道之以德，齊之以禮，有耻且格。

「史記」酷吏傳序云：

法令者治之具，而非制治清濁之源也。

兩者所述均爲禮本刑末之主意，故稱之爲德治主義的法律。如前所述，中國之禮儀道德，以家族主義爲基礎，以孝道爲第一。故稱之爲德治主義的法律也好，孝道第一主義的法律也好，內容並無大差。中國法律之着重於家族主義與孝道第一主義，自屬當然。

中國歷代法律自唐律始，無論明律與清律，均對每種犯罪究竟發生於家族或親屬之間，抑或發生於家族或親屬以外的一般人衆之間的各種場合加以區別。如爲一般人衆之場合，原則上，同一種犯罪，受同一種處罰。例如甲殺傷乙時，與相反地乙殺傷甲時，其犯罪人均須受同一刑罰。然如事件發生於家族與親屬之間，即不能通用此項原則，在這種場合，雖屬同一犯罪，但以該犯罪人在家族或親屬間，所處尊卑長幼之地位如何，毋寧說多不受同一之刑罰。依加害者與被害者尊卑長幼關係之如何，其刑罰亦非常不同，尊長所加於卑幼者之罪，其罰比一般場合爲輕，卑幼所加於尊長者之罪，其罰較一般之場合爲重。

例如，依「唐律」（鬥訟律一）毆打他人之罰爲笞四十，倘爲毆打一族之尊長時（鬥訟律二），則依照其親疎之關係，則加以如左之重罰。

㈠毆打緦麻長屬（＝族兄姊等＝三從兄姊等）者，杖一百。

㈡毆打小功長屬（＝再從兄等）及緦麻尊屬（＝族伯父母等）者，徒一年。
㈢毆打大功長屬（＝從兄等）及小功尊屬（＝堂伯父母等）者，徒一年半。
㈣毆打兄姊者，徒二年半。
㈤毆打伯叔父母等者，徒三年。
㈥毆打祖父母及父母者，斬。
即雖毆打有如三從兄姊之疎屬，亦比凡人（一般人衆）的場合加重六等，如爲兄姊，則比凡人加重十等，如毆打祖父母、父母時，實加重十六等，處以斬刑⑨也。

註⑨唐代之刑大別之爲笞刑、杖刑、徒刑、流刑、死刑，謂之五刑。五刑之中，笞（十、二十、三十、四十、五十）杖（六十、七十、八十、九十、一百）徒（一年、一年半、二年、二年半、三年）等三刑，各細別爲五等，流刑分爲（二千里、二千五百里、三千里），死刑細別爲「絞、斬）二等，故罰之輕重均有二十等。笞與杖均爲打擊臀部之竹棒，日本「令義解」（卷十、獄令）對此記載說：凡杖皆削去節目，長三尺五寸。……大頭徑四分，小頭三分。笞大頭三分，小頭二分。在形狀上有大小之差，在打數上更有多少之異，以區別罰之輕重。絞與斬同爲死刑，而其間有相當之輕重。日本「法曹至要抄」卷上，關於絞、斬之輕重，解釋如次：雖皆爲死罪，但以絞爲輕，以斬爲重。其故爲何？以絞罪待時而殺也。如在待決期間，遭遇恩詔，即可配爲徒流。斬罪者不待時而殺之，故爲重也。

中國自古以來卽從天時而行刑。故生育萬物之春夏務避刑殺，而在萬物枯死之秋冬，則可行刑殺，此見於「禮記」月令。像日本「令義解」（獄令）中所說「從立春至秋分，不得奏決死罪」一樣，唐代對絞殺之人不卽行刑殺，均待秋冬之候行之。在此期間如國家遇有慶典，實行恩赦，則可望死罪減輕。此外，中國人非常嫌惡毀損身體。而斬則必須身首異處。「隋書」所謂「絞以致斃、斬則殊形」——（卷二十五、刑法志。）以及「宋史」中所稱「絞者筋骨相連，斬者頭頸異處」（卷二百六十三、竇儀傳）。此所以絞罪與斬罪有輕重之別也。

如因毆打而使對方負傷，其結果致手指足趾折斷者，兩造均爲普通人時，則受徒一年之罰，如係對兄姊嫂時，則處流三千里，比一般民衆重七等，毆打伯叔父母使之負傷時，處絞罪，較一般民衆加重八等。雖僅毆打祖父母、父母，亦爲斬罪，故如使之負傷時，在理論上必須處以斬罪以上之刑。然在實際上，斬罪已屬極刑，在此以上不再存在任何刑罰，故仍處斬罪。照這樣看，一族中的卑幼對尊長之罪，比較一般民衆的場合要遭到嚴重的處分，而相反地，由尊長所加於卑幼之罪，則比一般民衆的場合減輕了很多。例如，雖因毆打而斷折其手指足趾，如爲三從弟妹則杖一百，比一般民衆減輕一等，如爲再從弟妹，則杖九十，如爲從弟妹，則遞減爲杖八十。兄毆傷弟弟時不論罪，這比起弟毆傷兄的場合，實減輕十八等。伯叔父毆傷從子，或父祖將子孫毆打成傷時，當然不構成罪刑。

試依「唐律」若將他人該當徒一年的毆打折傷——「凡諸鬥毆人……折手足指，若破骨

尊長／罰		父・祖	伯叔父母	兄姊	大功（長） 小功（尊）	小功（長） 緦麻（尊）	緦麻（長）	（凡人）
斬		●						
絞			●					
流	3000里 2500里 2000里			●				
徒	3　年 2.5 年 2　年 1.5 年 1　年				●	●	●	○
杖	100 90 80 70 60				●	●	●	
笞	50 40 30 20 10							
〔不論罪〕		●	●	●				
罰／卑幼		子孫	從子	弟妹	大功（卑幼）	小功（卑幼）	緦麻（卑幼）	（凡人）

者徒一年」——事件，假定發生於家族或親屬之間，在這種場合，便要照加害人與被害人尊卑長幼關係之如何，發生對同一事件而有不同刑罰的事實，玆用圖表示如下（上段的●表示晚輩，下段的●表示長輩所受之刑罰）。

中國歷代的法律，不僅限於毆打成傷的場合，即在其他各方面，也都發揮着這種主義。重自斬衰（如父母、三年喪服的最重者——譯者）之親，輕至緦麻之親，苟在應穿着喪服關係之列者，法律上必設特別規定，雖一言一行，也要依照其尊卑長幼關係的如何，而對犯罪的刑罰，不與普通一般他人的場合作同一處理。此即由子孫卑幼加於其父祖尊長之罪，比較普通一般人必重幾等，反之，由父祖尊長所加於其子孫卑幼的不法行爲，務必輕其刑罰。而這種罰的加重或減輕，是以親疏的關係爲比例，而異其程度，尊長所加於卑幼的不法行爲，愈爲近親則愈輕，卑幼所加於尊長的不法行爲，愈爲近親其罰愈重，愈爲近親則愈加重處罰卑幼的不法行爲者，蓋基於道德見地的當然制裁。是以在這樣家族主義的法律之下，其着重於成爲家族之中心的親子關係，對於以子犯親的行爲，應加以嚴重處分之事，本已不難預知⑩。

註⑩中國自古親屬的親疏，即以喪服加以區別。喪服分爲斬衰、齊衰、大功、小功、緦麻，謂之五服，所謂斬衰齊衰，主要是依據喪服的製做方法而付與的名稱，大功、小功、緦麻，主要是根據喪服所用的材料而付與的名稱。周朝的五服制度，詳載於「儀禮」喪服章。周以後，五服制度多少有些變更，關於此點，清朝徐乾學的「讀禮通考」（卷一十　卷十六）都有記載，何洛特（Groot）的The Religious System of China（Vol.Ⅱ, PP. 488 Seq.）也可參考。對於解釋「唐律」律文，必要的唐代五服制度，詳載於「大唐開元禮」（卷百三十二、五服制度）。

爲了使親屬的什麼人應在何種服親關係一目瞭然起見，自宋元時代起，便出現了便利的五服圖。該圖載於「明律」「清律」的卷首，又在徐乾學的「讀禮通考」（卷三）及黃伯錄（Pierre Hoang）的Le Mariage Chinois au Point de Vue Légal〔Variétés Sinologiques, No. 14〕裏，亦有收錄。唐代的服制因與此並無特別顯著的不同，故不妨提供參考。

第七章

中國法律自古即對不孝加以最重的懲罰。據「呂氏春秋」（卷十四、孝行覽）「商書曰：刑三百，罪莫重於不孝」，可以認定自殷商時代起，對不孝就已科以最重的懲罰了。「孝經」（五刑章第十一）謂「五刑之屬三千，而罪莫大於不孝」。據「書經」呂刑篇，周代的刑罰，墨罰（刺額涅墨之刑）之屬千，劓罰（切鼻之刑）之屬千，剕罰（切足之刑）之屬五百，宮罰（去勢之刑）之屬三百，大辟（死刑）之屬二百，合五刑之屬爲三千。周代亦以在三千多數的罪惡之中，以不孝爲首惡，此爲科以最重刑罰的證據，此種精神爲中國歷代法律所繼承。

因爲中國法律認不孝爲最大罪惡，是故違背孝道精神，輕忽孝道形式的行爲，無論在任何場合，決難被輕易放過。卽連乍看之下，似乎也並未觸犯什麼明文的微細怠慢，也加以可驚的重罰。例如「唐律」的十惡之一，卽有不孝一條。這種不孝卽解釋爲：

謂告言詛詈祖父母、父母，及祖父母、父母在，別籍異財，若供養有闕。居父母喪，身自嫁娶。若作樂，釋服從吉。聞祖父母、父母喪，匿不舉哀。詐稱祖父母、父母死。——「唐律」名例一。

這就是說㈠告訴祖父母、父母者，㈡罵詈祖父母與父母者，㈢於祖父母、父母生存期間，子孫兄弟等分家居住者，㈣未充分供養祖父母、父母者，㈤在父母喪中嫁娶者，㈥在父母喪中奏樂者，㈦在父母喪中不着喪服者，㈧隱匿祖父母、父母之喪者，㈨詐稱祖父母、父母之喪者。凡此咸須列入不孝之中。此等行爲固屬均不合適，然其中以今日的吾人觀之，也有輕微（？）得不必特別加入十惡之中的不法行爲。像怠慢親喪的場合卽屬之。然「唐律」對此等罪惡的處分，却相當嚴重，律文說：

喪制未終，釋服從吉，若忘哀作樂（自作遣人等）徒三年。雜戲徒一年。卽遇樂而聽，及參預吉席者，各杖一百。——職制中。

親喪最重，卽所謂三年之喪——母喪比父喪多少有輕重，在「唐律」中，父斬衰三年，母齊衰三年，是有別的，然喪期則同爲三年——對此三年的期間亦有異說，東漢的鄭玄主張二十七個月，曹魏的王肅則謂二十五個月。後世一般均遵奉鄭玄之說（參看清趙翼「陔餘叢考」卷三，三年之喪項）。無論二十五個月或二十七個月，在此長期間內全然與世隔絕，身神一切都實行禁欲之事，是非常不易的。上引「唐律」（職制中）之本文，網羅着種種條項，爲便於說明，玆加以區別如次：

㈠所謂釋服從吉，是在其期間脫去當然應穿着的喪服，換穿吉服者，處徒三年。

㈡所謂忘哀作樂，謂在喪中奏音樂也，無論親操樂器奏樂，或使樂人奏樂，一律處徒三年。

㈢所謂雜戲係指樗蒲、雙陸、圍碁、相棋之類。喪期如行雜戲，處徒一年。

㈣所謂遇樂而聽者，指並非出自本身之意願，偶然於途中遭遇樂隊時，或樂隊來到自己門前時，聽其奏樂而言。處杖一百。

㈤所謂參預吉席者，指穿着喪服參列宴席而言。處杖一百。如着吉服，則應准照釋服從吉之條項，處以徒三年，自不待言。

就中㈠釋服從吉㈡忘哀作樂的場合，除了要受上述的處罰外，如上文所介紹，還要被當做該當十惡中的不孝，照違背名教的行爲辦理。因之，不能受到限於給予有身分之人的議、請、減、贖等特典。這是依據如遇親喪而有忘哀情形的不孝之人，無論其具有任何身分，均不能蒙受給予特典的主意。

總之，依據儒家的禮制，倘遭親喪，三日間不取飲食。爾後直至葬親，每晨每夕均以一溢米（一隻手所握之米）之粥爲食，既葬之後，疏食水飲，二十五個月之後，飲醴酒食乾肉、二十七個月的喪期終了之後，飲食復常（參看「禮記」間傳、喪大記）。在此期間當然不釋喪服。喪中撤去樂器，經二十七個月的期間之後，方奏樂（「禮記」檀弓上），其所以非飲食廢音樂者，蓋不外起源於因思慕死親、難禁哀傷之情，故不思飲食、無聽音樂之意的人情禮制⑪。

註⑪何洛特的The Religious System of China爲一有名且相當有益的書籍，然其內容亦往往見有錯誤。引用既有不確，中文亦有誤譯之處，這暫且不說，關於中國禮制的起源，更下了不少推測錯誤的說明。譬如關於在喪制中穿着粗糙的喪服，絕食或粗食、撤去音樂等風俗習慣，他說

上古的中國人，當其父母親去世時，即將其所有的一切資物——以衣類及食料爲主——與屍體一同埋葬，身後生存的孩子，幾乎陷於毫無所有的赤貧狀態。隨着文化的進展，這種埋沒財寶於地下的原始風俗，逐漸廢棄，然死者的財寶一切都付給死者，生存之人儘可能甘於貧窮狀態，乃對死者尊重的義務之信仰，受到後來發生的孝道，即對死去的親人必須盡無限尊敬的，所謂孝道的支持，而即以這種形式成爲傳統。〔這是說明中國喪服的起源〕。……孩子們事實上，並沒有像往古一樣捨棄死去親人的財產，但在形式上仍將一切財產捨棄，爲了假裝完全貧窮的狀態，所以纔趕製些不費事的粗衣穿用，儘可能地吃些不費錢的飲食。……古時樂器也是隨死人一同埋葬的，即使奏樂也沒有器物，後世在喪中不奏樂，

即其遺痕。……中國在上古，遭遇了喪事的生存之人，捨棄一切財產，在文化未開的半野蠻社會，婦女被視做財產的一部分，即其例子。上古的中國也是一樣的。這可以說明在喪期不接近妻妾制度的起源（Vol. 11, pp. 475-476 605, 608-609 ）。

這種說法實在不足憑信。此等禮制的起源，已屢見之於經傳，實本於生者哀戚之情。這是可得以說明，且必須加以說明的，所以決不應像何洛特一樣，靠不自然的臆測來加以說明，根據喪制，在斬衰之喪中皆用杖，即在齊衰之喪的較重種類時，也拄杖（「儀禮」喪服）。「白虎通」就用杖的禮制說：

> 所以必杖者，孝子失親，悲哀哭泣，三日不飯，身體羸病，故杖以扶身。（清陳立「白虎通疏證」卷十一、喪服）。

這項說明是自然而又妥切的。諸如何洛特的見解，實難據以說明在重喪中用杖禮制的起源。

唐代的立法者，畢竟是遵循古來傳統禮制，在律文裏發現了禮刑一致之精神的。「唐律」的規定，不一定是有文面而無內容的具文。譬如唐朝的陸愼余，即以在父喪期間釋服飲酒食肉的罪名，而受笞四十，並被處以流刑（「册府元龜」卷九百二十三、不孝）。然律文之是否已照條文一樣實行並非是特殊的問題。但我比較那方面，認爲毋寧對於把古代的禮制精神，源源本本地在法律之中繼承下來，並希將孝道第一主義維持於不墜的唐代政治家之高尚努力，應表欽佩之忱。唐律對於在父母之喪中，「釋服從吉」或「忘哀作樂」等不正行爲的制裁，幾乎照樣——縱令在法律條文方面有出入，在制裁方面有輕重——以同一精神在「明律」（禮律、儀制）及「清律」（禮律、儀制）之中繼承下來。雖在現時據說這種規定，仍由社會之制裁等力量，配合無間地維持着（參看 Groot ; The Religious System of China. Vol. II. p. 608）。

在父（母）親的喪期中，可提出的不謹愼行爲之一是喪期中的婚姻。「禮記」內則（下）有。

女子十有五年而笄。二十而嫁。有故，二十三年而嫁。

的一段文字，鄭玄注釋說「故謂父母之喪」。父母親的喪期是三年，其間不能擧行婚姻，在雙親的喪中，擧行婚姻，卽自常識觀之，亦極不相宜，更無待於引用禮制，不過三年究竟是一個長期，由於種種事情，鹵莽之人可能竟結了婚。自春秋時代起，就已有了違背此種禮制之人。如魯莊公和宣公，便受了喪娶之譏，迨及後世，知識階級暫不必論，卽在一般民衆之間，或匿喪，或停喪，而於其間嫁娶者，實繁有徒（明謝肇淛「五雜俎」卷十四、清徐乾學「讀禮通考」卷百十四、喪制七）。茍爲執行「以孝治天下」之政策的中國政治家，皆必須嚴重取締這種不端行爲。

是以「唐律」之戶婚律中卽載有

諸居父母……喪而嫁娶者徒三年。妾減三等。各離之，知而共爲婚姻者，各減五等。

的條文。卽在父母之喪中娶妻者，處徒三年，且如上所述，還要被當做十惡中的不孝劣行而處理，娶妾者減輕三等，處徒一年半。不僅如此，這種場合的嫁娶，因爲是違律嫁娶，故官廳絕對不予承認。娶過來的妻妾，必須離婚。在父母喪事中嫁娶的當事人，不僅要受到懲罰，如知情而應允此種不當請求的對方，也必須受相當之懲罰。如不知情，對方自屬無罪。「明律」（戶律、婚姻）和「清律」（戶律、婚姻）對於喪中嫁娶人的處置，比「唐律」雖稍爲減輕，然大體上仍係照樣踏襲「唐律」之精神，依然列於十惡中之不孝。

在父祖囚禁中嫁娶者，雖未加入十惡中之不孝，但與喪中嫁娶一樣，亦須受法律之制裁。「唐律」中有如下之明文：

諸祖父母、父母被囚禁，而嫁娶者，死罪徒一年半，流罪減一等，徒罪杖一百。（祖父母父母命者勿論）

即於父祖犯死罪繫獄中而嫁娶者，須受徒一年半、父祖係流罪時，受徒一年、父祖因受徒刑入獄者，則須受杖一百之處分。因奉在囚禁中的父祖之許可或命令而嫁娶者，當然無罪。這種對父祖在囚禁中而嫁娶之人的處置，大致與「唐律」一樣，「明律」（戶律、婚姻）與「清律」（戶律、婚姻）都是一脈相承的。

第八章

與禁止在父母之喪中嫁娶的法律有關，要更進一步研究者，即所謂「服中生子」，即對在親喪中生子之事加以制裁的法律，依據「禮記」檀弓（上）和喪大記的規定，在父母之喪中，男女必須分房居住。三年的喪期告終，自其次月起夫婦始可同室，這是古代的禮制。春秋時代宋的樂子明（＝溷）因在服中生子，被視爲「衰絰而生子」，爲同姓人所痛罵（「左傳」定公九年）。通兩漢三國時代，「服中生子者」，一般都被世人指爲不孝（參看東漢末應劭「風俗通」卷二、彭城相袁元服之項）。故如劉宋之文帝，亦將其服中生子之事，隱匿三年未予發表（明沈德符「野獲編」卷一、孝慈錄之項）。

依據禮的精神，而將「服中生子」之禁揭櫫於法律者，一般均認爲係以「唐律」爲最先（參看「讀禮通考」卷百十五）。然而自唐以前起，像這種不謹愼的行爲，世間既有糾彈，官員也罕見加以懲罰，想像中似乎在國法裏亦已加以禁止，但尚未發現任何直接證據⑫。

註⑫在後趙的石勒時代，東晉的太興二年（公元三一九）

下書禁國人，不聽報嫂，及在喪婚娶，其燒葬令如本俗。——「晉書」卷百五、載記第五

在該段文字裏有上述記載，此處所說的國人，係指胡人而言，自不成問題。在五胡、南北朝時代，中國北部一直受塞外種族的支配。當時中國北部的塞外種族，自稱爲國人。實際上後趙的石勒也下令「號胡爲國人」（「晉書」卷百五）。「禁國人」的國人，當然也是說的胡人。如再進一步想，則上出的太興二年之禁令，乃以更改當時移居中國之胡人的陋習，而使之仿傚華俗爲目的。總之，自五胡到南北朝時代，出身於北方胡族的君主，較諸出身南方漢族君主，對於維持中國傳統禮教，反爲熱心。這條禁令　不過其一例

而已。他們既然禁止胡人報嫂和在喪婚娶兩項，則可推斷當時在中國人之間，對此兩項業經禁止了。所謂報嫂者，卽在兄之死後，由弟弟娶嫂爲妻之謂也。中國古來於嚴男女之別中，對嫂叔（＝弟）之別爲尤嚴，早在「禮記」之中卽見有「嫂叔不通問」——（曲禮上）以及「嫂不撫叔，叔不撫嫂」——雜記下，之語。後世中國之法律絕對且嚴重地禁止嫂叔結婚（參看Pierre Hoang; Le Mariage Chinois. Article X III）。報嫂與在喪婚娶兩項，已仿照中國風俗，改變了胡俗，唯燒葬仍繼續用胡人舊俗，所謂燒葬卽火葬。當時中國人一般均用土葬，而不實行火葬（參看清顧炎武「日知錄」卷十五、火葬項）。總之，此項太興二年的禁令，雖屬是間接的，但仍得爲在法律上實行禁止在喪婚娶的一項證據。

有關唐律服中生子禁條的本文如次：

諸居父母喪生子，徒一年。——戶婚律一

倘應爲人民師表的官吏，而犯服中生子之禁者，必須免其官（「唐律」名例律三）。此所謂服中生子者，指在喪期中妊娠者而言。故雖在喪期終了後出生，自應推溯其妊娠的時期，如在服中妊娠，自當坐罪，無待煩言。「唐律疏議」（名例律三）中明記如左：

在父母喪生子者，皆謂二十七月內而懷胎者。若父母未亡以前而懷胎，雖於服內而生子者不坐。縱除服以後始生，但計胎月是服內而懷者，依律得罪。

服中生子之禁條，在世界任何國家的古代法律裏，都沒有揭載過，這也許是一個無與倫比的禁條。但若從忘懷對已故父母追慕之至情，或違背禮制精神之立場來看，則「唐律」的這項禁條，倒也不足奇怪，服中生子之禁條，在整個中國的宋元時代都曾實行。在日本的王朝時代，也曾仿做「唐律」實行此項禁條（參看「律疏殘篇」名例律一）。

然而徵諸實際，雖有此項禁條，無知下民於服中生子者，為數並不在少。有時雖在有教養的士人，也並非絕無觸犯此項禁條之人。在這種情形下所生的子女，便成了父母的犧牲，他們可能遭遇到由暗中來又在暗中消失的惡運。因在「風俗通」中業經有了「服中子、犯禮傷孝、莫肯收舉」——（卷二、彭城相袁元服項），從而可知自東漢時代起，即已有此種弊風存在了。在法律上更加以制裁的唐宋時代，不難想像此種弊風的更加增長。迨至明代，太祖因鑑於服中生子之禁條，効少而弊多，斷然將此條項自律文之中削除。明太祖在「孝慈錄」的序中說：

古不近人情而太過者有之，禁令服內勿生子，朕覽書度意，實非萬古不易之法。若果依前式，人民則生理罷焉。——「記錄彙編」本卷四

因此在「明律」之中，便未載「服中生子」之禁條。襲仿「明律」的「清律」，當然也找不到這一條項。

明太祖是一位具有非常卓越見識和手腕的實際政治家。他對唐宋傳統的制度法令，都做了很多革新。服中生子禁令的解除，無非是其中例證之一而已。太祖這項解禁的主要動機，或應在於其妨礙人口蕃殖暨有害於一家嗣統等點，然同時，可另從兩種見地來加以觀察。㈠

這種禁條不應揭載於法律，也許不應定於法律之中，毋寧應定於禮制之中，毋寧做為一道德問題，而委諸個人的自制；(二)此種禁條結果反易招致增加殺害生子之罪惡。由這兩種觀點來看，此項解禁自應受到歡迎。

但中國學者對服中生子解禁的意見與批評，却區區不得一致。明代學者因對官憲的顧慮，大抵對解禁表示贊同。反之，淸代學者對此却有不少反對之人。像淸朝萬斯同或徐乾學那樣錚錚有名的學者，從維持禮敎和端正風俗的立場，對這種解禁皆表示强烈反對（「讀禮通考」卷百十五）。惟淸末以律學聞名的薛允升，他的著作「唐明律合編」雖是以比較論評兩律之異同爲宗旨，獨對此服中生子之禁的異同，未在書中表示一句意見，似不免稍有不負責任之嫌。

對於解除服中生子禁條是非贊否的議論，姑且不談，總之，卽屬在這項解禁之後，有敎養的士人，也還對這種不謹愼的行爲有所顧慮，這從明代沈德符的「野獲編」卷一所載的記事，便可推想而知了。

世以父母憂制中擧子爲諱。士大夫尤不欲彰聞，慮涉不孝，然太祖作孝慈錄序，中已爲嗣統大事，曲賜矜貸矣。穆宗在裕邸生長子，是爲憲懷太子，時去母妃杜氏喪方期（周年也），世宗不悅，得少詹事尹台引孝慈錄序爲解，上始釋然。

士人之中因恐爲世間所不恥，對於在服中所生之子女多不養育，於暗中消滅之者，亦非絕對沒有（參看「讀禮通考」卷百十五、喪中產子之項）。縱令養育，亦以違背人倫禽獸行爲之結果，而使所生之子女蒙受惡名，例如在名字裏加以犬旁的文字，以誌其過。在義和團事件中的重要角色端郡王，爲其父惇親王於親喪服中所生之子，故稱其名爲載漪，其所以選了有犭旁的漪字，據傳即係基於這種因緣。

以上所介紹的「釋服從吉」、「服中嫁娶」以及「服中生子」等，均係對故去的父母忘却悲哀之至情，怠於愼終之義務的行爲，中國法律只要認準了此等行爲，便給予相當嚴重的制裁。是以萬萬一爲人子者，對於高堂的雙親，如有加以積極的不法行爲時，則中國法律對此等行爲，必將加以嚴厲制裁，不難想像。但中國法律對於有如反抗父母的不法行爲，竟有加以遠較吾人想像以上之重罰者。在下面一章裏我將介紹兩三件處置這種不法行爲的制裁。

第九章

第一是以惡言對待父母。關於在其他人相互之間以惡言惡語罵詈的禁條，歷代法律多無記載。在中國法律中，揭載對他人罵詈的禁條者，殆自明代起，在明律中有

凡罵人者笞一十。互相罵者各笞一十。——刑律、罵詈的說法。但在「唐律」中却找不出此等禁條。然關於對（尊）親的罵詈，在「唐律」中却有「罵祖父母、父母者絞」（鬥訟律）的明白記載，犯這種罪者，處死刑，且打入十惡不孝之列。能說這不是一種可驚的重罰

？無論「明律」（刑律、罵詈）或「淸律」（刑律、罵詈），罵祖父母、父母者，因與「唐律」一樣——在明淸兩代附帶有「須親告乃坐」之條件——均處絞罪，故比對普通他人的場合，實際要重十八等。

日本在古代，家族制度也很發達，孝道受到尊重，因之像對父祖那種惡言惡語的不法行爲，卽使不如中國那樣厲害，但處分也相當嚴重。在「養老律」中明白規定「罵祖父母、父母者徒三年」（「逸律」卷五）。在德川時代的「御定書百個條」中，雖未揭載對尊親惡言惡語的禁條，但如有此種不孝之人，就可在里長或副里長的手裏得到應得的處理（參看「五人組帳」）。倘有尊親的申請，官吏卽將不孝之人押進牢獄（參看「御仕置裁許帳」卷二）。然我國的孝道，也於最近（昭和二年）四五十年間，呈現了顯著的衰頽。像對父母以惡言相向之事，已成了市井間經常發生之事，它已不再能特別引起世人注意的情景，實堪慨歎⑬。

註⑬當明治九年十年余父充當一鎭之戶長時，該鎭有一位行年將近七十名喚吉川吉助的老木匠，拉他名喚音吉的三十歲兒子前來，告其不孝。因其對父親口出惡言，余父對其品行不端加以懇切地規勸，音吉垂頭默立庭前，靜聆訓誡的情景，迄今猶歷歷在目。然此種帶有古代風範且令人懷想的光景，卽屬在山裏的田舍，今天已不可復見。

在輓近的小說中，對於反抗父祖，或以惡言相向父祖的記事層見迭出，尤其是根據作者本身體驗而寫成的所謂身邊小說，對於此等描述委實太多，最近我所看到的昭和二年六月發行的「週刊朝日，夏季特別號」所登載的女作家網野菊子所寫，題為「祖父的歸鄉」一篇小說。小說的情節是一位八十一歲的祖父，希在風燭殘年回鄉展拜祖先和亡兄的墳墓。但素與祖父不合的孫女，極力反對，因反對得過分，致有損祖父之感情，結果竟陷於互相責罵揪打，幾使祖父演成腦溢血之慘劇。當然這是小說而非事實，可是這種小說的寫作，必須以可能有此等事件的思想為前提。何況這種小說的本身，有很多地方被人認為是寫實小說的餘地？總而言之，我對這一小說所感到的悲憤之情，也不憚向讀者聊陳衷曲。

其次是子孫反抗祖父母、父母，並毆打之者的處置。關於這種不法行為，前文已有介紹，在「唐律」中，為特予重懲之十惡中的惡逆，在死罪中要處以一等重的斬罪（鬥訟律二）。毆打他人的刑罰，普通為笞四十，兩者比較起來，實重十六等。處斬毆打祖父母或父母的子孫，為中國法律自古迄今的大法，上自「漢律」（參看民國程樹德「漢律考一卷四」），下迄「明律」「清律」，並無任何差異。

但處毆打父母者以斬罪，僅為法文上的規程。在專制國家的中國，看事件的情形，皇帝一朝興之所至，常有處以遠超法律條文所明白記載的嚴重處罰。同治四年（公元一八六五）湖北某地發生了一知識分子與其妻合力笞打母親的事件，當事件暴露之後，同治帝即以聖旨給罪犯以非常嚴重的處分。該知識分子夫妻二人同被處以活剝皮之刑⑭。

註⑭ 剝皮之刑未載於法律條文之內，然自元、明時代起，事實上已為時時執行之慘刑。所謂剝皮者，即以利刄，自頸項起至尾閭骨部分，將背部皮膚劃一直線薄薄切入，然後自切口處分成兩片開剝，至全身皮膚剝盡爲止。民國時人柴蕚在其所著「梵天廬叢錄」卷十七的剝皮十二則項內，有記事如左：

剝人者，從項至尻，刻一縷裂之，張於前，如鳥展翅，率逾日始絕，有卽斃者，行刑之人坐死。

實行剝皮之人須非常熟手，據云淸初有一畢生剝過六十餘人之皮，以剝皮之術而論，爲擧世無雙的熟練劊子手。

同治帝爲不使此不孝之人的一片遺骸，再留存於天壤之間，乃令將該兩具屍體燒棄，將骨壓成碎粉，拋散空中。復將男方的近親尊長及女方之雙親，以未盡管束之責。處以絞罪以下之重刑，左右鄰因對該事件未提出檢擧的理由，處流刑，地方官以未充分盡到敎化之責，遭撤職處分（Gray; China. Vol. I, pp. 237 — 238 ）。這可眞算得上是徹底的處分了。本人並非認爲此項處分爲妥當，而在此介紹。贊成與否是另一問題。本人僅在此例擧中國官憲，自孝治主義立場，對不孝行爲，加以想像以上之嚴重處分而已。

關於毆打之處分，元代的規程較爲有趣。毆打父母者當然處斬，但限於特殊情形，亦承認其例外。「元史」卷百四的刑法志三（大惡之部）載稱：

諸醉後毆其父母，父母無他子，告乞免死養老者，杖一百七。居役百日。

此卽

㈠毆打父母者，因酒而致精神錯亂之結果。

㈡此不孝之人，爲父母的獨生子、寶貴的命根。

㈢爲奉養年老之父母，有保留此獨生子存在之必要。

倘具備上述情形，且限於由父母出面請求饒命時，纔能免除該不孝者的死罪，但代之以杖百七、更科以百日的苦役，誠爲情意兼具的處分，此點允爲中國法律的特色。

在日本毆打祖父母、父母的不孝子孫，當然也處以死刑。在王朝時代的「養老律」中，對這種行爲是科處斬罪的（參看「逸律」卷五及「法曹至要抄」上），在德川時代的「御定書百個條」中，則科以死罪。在該「御定書百個條」的第七十一條，有左列規定：

一、弑親　　遊街示衆後　　磔

一、傷害父母者、毆打父母者　　磔

一、欲行砍殺、毆打者　　死罪

此亦爲相當重之處置。若將此項處置與日本近時（戰前——譯者）的判決相比較，可以發現其間已有驚人的差異。輓近的判決裏，子孫毆打父祖，雖經父祖提出告訴，但有時竟有對此不孝子孫付諸不問者⑮。

註⑮我自穗積重遠博士的「判例小話」（大正十四年一月「大阪朝月新聞」所載）引用一個事件。事件發生在大正八年，一位名叫元右備門的七十九歲老農，因長男先死，而以孫女芝內（譯音）作繼承人。然孫女芝內，平日即不順從祖父，[illegible]討厭農業而羨慕都市生活，因老祖父不許，故經常發生爭執。在最初的爭執中，芝內咬傷了祖父，再度的爭執中，芝內推倒了他。元右衞門於忍無可忍之餘，終於對加暴行於尊親屬的芝內提出廢除自已家督相續人的訴訟。元右衞門的主張，於第一審第二審中均被採納，然最後竟遭大審院否決。大審院判決的要旨是：

> 誠然芝內的行為，對尊親屬是甚為失檢，……所謂芝內平時對祖父即不服從，故敢出以如此强暴之擧，但事實的調查並不充分。……當前加暴之際，芝內正懷孕三月，此種情事必須斟酌。……芝內的行為畢竟可以認為是出於一時的激情。……對她倘能領導有方，使芝內將來不再犯此種狂暴行為，並非絕對無望。故僅以當時的暴行為由，立卽斷定芝內不堪擔當元右衞門之相續人，不能不謂為失當。

穗積博士謂此大審院的判決為情理兼備，大為推奬。博士又擧元右衞門給年方滿十四歲餘的芝內，招養子為婿的事實，指稱在法律上女子的婚姻適齡為滿十五歲，然元右衞門竟强使未達適齡之少女結婚等情，甚為忽視芝內之人格，此種對人格之忽視，實乃構成祖孫失和、家庭悲劇的主要原因。

我也許沒有資格評論大審院判決的當否，與穗積博士批評之是非，但我將此大審院的判決，與中國法律以及受其影響的我國古代法律相對照時，使我注意到，其間在法的精神上，實有極大的逕庭，對其前後差異的存在，不勝今昔之感。在往昔的法律上，父子關係——元右衞門與芝內雖為祖孫，但後者既為前者的相續人，也就是父子關係了——是絕對的，其間幾乎沒有存在論是論非的餘地。在我國現行新的法律之中，把父子關係，也放置於相當程度的相對地位，以比較兩者的是非。在這方面存在着很大的差別。

元右衞門恐怕還不知道女子的婚姻適齡，須滿十五歲這件事吧。雖屬不知情，但結果却忽視了適齡，當然這是很不好的。可是他生長於家族主義較爲鞏固的時代，涵養於家比人尤佔於第一位的思想之中。年逾古稀行年八十的這位老者，失去了兒子，想將年輕的孫女作爲唯一家督相續人的這位老者，希望在自己有生之年爲孫女招一養子爲婿，急爲血統之繼續，這時以家爲第一的元右衞門來說，並非無理。在實行家族制度的時代，血統的繼續是最緊要的大事。孟子不是也曾說過「不孝有三，無後爲大」——離婁上—麼？中國的諺語曾說「男成雙，女成對，一生大事已完」（Moellendorff; Le Droit de Famille Chinois, p. 76）。爲子女尋求適當的配偶，以作傳宗的準備，是對祖先的第一件義務。美國牧師史密斯（Smith）曾例舉其親密的中國友人，直至臨終之時，仍以先老母而去世，未曾盡爲人子者充分孝養之責，且其子方爲一十歲之幼童，因之未能選得相宜之對象使之結婚，對祖先所交付的責任深爲愧對，抱恨終天。史氏於列舉此項事實之餘，對中國人對血統門第所負責任感之強大，感歎不置（Chinese Characteristics. pp. 178–179）。

我想元右衞門的心情，大概也和這位中國人一樣。因此於無意中較早於法律上適齡的數月之前，使孫女結婚而招致了不幸的結果，現在竟將其一概視做忽視孫女人格的暴行，而加以非難，豈非對元右衞門太不抱同情的看法？但是這種看法，結局如果從父祖與子孫同處於相對的地位，以及人比家要佔第一的現行法律精神而言，也許是正當的，但對像我這樣信奉東方孝道主義的人來說，對大審院的判決和穗積博士的批評，實在不能苟同。通曉我國歷史的有識之士，未必將我的這種心情，付之一笑吧。

第十章

其次是最重的弑親犯罪。中國雖是孝道第一的國家，但在中國弑親之事件（Patricide），亦非絕對沒有。與其他國家比較起來，也許覺得爲數無多，可是自古代的周朝起，敢於作出此種惡逆之事者，已有相當發現了。對這種惡逆，當然自古迄今都是給予在普通死刑以上的嚴重處分。「禮記」裏記載處分發生於春秋時代弑親事件如左：

邾婁定公之時，有弑其父者，有司以告。公瞿然失席曰，是寡人之罪也。曰寡人嘗學斷斯獄矣，臣弑君，凡在官者，殺無赦。子弑父，凡在宮者，殺無赦。殺其人，壞其室，洿其宮而豬（瀦）焉，蓋君踰月而后擧爵。——檀弓下。

對於竟敢弑親的忤逆之人，一家之人，無論其尊卑長幼，任何人都得加以殺戮外，更由官吏摧毀該忤逆所居住的房舍，將其地瀦爲水泡，使後人不得再行居住之外，國君也因發生了如此不祥事件，而負起敎化未週之責，一個月內斷絕飲酒，這可算是相當徹底的處置了。觀乎定公當採取這項處置時，公開地說到「寡人嘗學斷斯獄矣」的說法，可知這並不是一時臨機的處置，而是基於古來傳統的處置方法了。

漢代弑親之人，均以大逆罪處以腰斬。所謂腰斬者，是剝光犯人衣服，令其伏於鐵床鑕上，以鐵鉞腰斬之（參看「漢律考」卷二卷三）。魏晉之際，發生殺母事件時，當時的名士阮籍，放言「殺父親還可以，怎能殺母親呢？」，釀成物議，晉書有下述的記事：

有子殺母者，籍曰：嘻殺父乃可。至殺母乎？坐者怪其失言，帝（西晉武帝）曰：殺父天下之極惡，而以爲可乎？籍曰：禽獸知母而不知父。殺父禽獸之類也，殺母禽獸之不若。衆乃悅服。——卷四十九、阮籍傳。

阮籍爲清談之徒，故弄奇言，在其奇言之背後，亦可看出當時以弒親爲人世間不應有的大逆極惡，而加以排斥的社會情況。在北魏世宗（宣武帝）時代，有一殺母的罪人。依照政府的決定，將犯人處了車裂（轘）之刑，毀壞了他的住宅，赦免了他的二子。然當時的禮學者尚書左丞邢虬，對當局的決定提出了抗議。他認爲不應赦免大逆人的二子，而使其血統存於中國。他主張或將二子予以處分，不然，便將之放逐邊荒。世宗接受了這項抗議，見「魏書」（卷六十五、邢巒傳）。縱觀中國歷代史乘，對殺害父母之人犯處以最重的刑罰，自上文所介紹的例證來看，不容置疑。

然在「唐律」本文之中，並沒有弒親的條項。在名例律中十惡惡逆的註裏，有「謀殺祖父母、父母」一句文字，然在應揭藥對此等行爲科以實刑的賊盜律（一）中，却僅有

諸謀殺期親尊長，外祖父母、夫、夫之祖父母、父母者皆斬。

一段文字，子孫謀殺祖父母、父母場合的處分，則沒有揭載。然以「唐律」爲母法的日本「養老律」的賊盜律（「律疏殘篇」（賊盜律第七）所載）中，則明白地記載着

凡謀殺祖父母、父母、外祖父母、夫、夫之祖父母、父母者皆斬。

在「唐律」裏欠缺「謀殺祖父母、父母」辭句之事，以及我「養老律」在這一點上和「唐律」有所不同之處，我還是全在這一次纔注意到的⑯。我當初以爲這或許是「唐律」賊盜律的脫落，但自「通典」（卷百六十五、刑典三）與在「宋刑統」（卷十七）所載的唐律文中，亦未見有和「唐律」同樣找不出「謀殺祖父母、父母的辭句推之，不能不斷定在「唐律」的本文裏，起初卽欠缺弒親的條項。

註⑯日本王朝時代的立法者，將「唐律」中所不存在的謀殺祖父母・父母的一句話，增補於「養老律」中的主意，可以忖度如左：

第一、在「唐律」的名例律中所開列的十惡中之惡逆註釋裏，見有謀殺祖父母・父母的文句。以此爲母法的日本名例律八虐中惡逆的註釋說，旣使用同一文句，則在賊盜律的條項，雖揭載謀殺祖父母・父母的文句，也似無不妥。而究其實在，爲了使法律趨於完備，補足此項文句於賊盜律中，實所當然。

第二、日本的「養老律」，對於一般均減輕了刑罰。試看賊盜律，「謀殺期親尊長」（＝伯叔父母，兄姊）之罰爲遠流，比「唐律」的斬要輕二等。故縱定「謀殺祖父母・父母」之罰爲斬，其間絲毫都不失輕重的權衡。

總之，我國的「養老律」雖以「唐律」爲母法，但當時我國之立法者，當其採用「唐律」之時，或斟酌彼我的國情，或以考慮法文的完備，對「唐律」的原文加以改竄添削之處，頗不在少。小中村淸矩博士曾主張說我國的令是斟酌國風習慣，故改變唐令之處多，比較起來我國的律模仿唐律之處則極爲顯著，其所以然者，殆因新作成文之律難，故大抵依舊採用唐律法文之結果，使其如此也（「日本古代法典」卷一緒言），其實彼此的律文是相當不同的。賊盜律中的謀殺祖父母、父母的一句話，亦爲其改正之一例。一俟他日得有機會，關於「養老律」與「唐律」，當再進一步作比較詳細之研究。

筆者在此還有幾點藉便奉陳：㈠「唐律」是中國現存的最古法律；㈡它是日本王朝時代的法律和朝鮮高麗時代之法律的母法；㈢它是中國後代法律的模範。由這些點來看，實有大加研究的價值，但學者却尠有着手於此項研究者，實不勝遺憾。我們亦有做爲研究我國古代法律之副業，而着手於「唐律」的學者，然而率直地講，這都不過是橫的平面的研究。爲了弄清楚「唐律」的精神，縱的立體地研究，較諸橫的研究，尤屬必要。這就是說必須上溯三禮，以「唐律」與漢晋之律相比，以闡明「唐律」之由來，下照宋、元、明、清的法律，以明瞭「唐律」的影響。

那麼爲何在「唐律」中缺少弒親的條項呢？據我的推測，可能有左列兩種理由。

㈠對於弒親的條項有所顧慮，在風教上不欲明白刋載於法律條文之中。

㈡在「唐律」中斬是極刑。斬以上再無刑罰。然因對計劃殺害期親尊長卽伯叔父兄姊者，已經處斬，又因已將僅毆祖父母、父母者處斬，故在此外無再可以適用於「謀殺祖父母、父母者）之刑罰，有此種實際上之困難。

我雖嘗作此種推測，但仍缺乏確信，迨檢清末以律學家聞名之薛允升氏的著作，發現薛氏關於此點完全與我所見相同，他說：

唐律祇言，毆父母者斬。其不言殺死者，不忍言也。爾時並無凌遲之法，故律無文。——「讀例存疑」卷三十七。

唐律……無謀殺祖父母．父母罪名。蓋罪至於皆斬。法已盡矣。且逆倫大變，律不忍言也。——「唐明律合編」卷十八。

在「唐律」中雖欠缺有關弒親之條文，但在欲知如果發生了此等不祥事件的場合，當時的政治家作了如何處分，我雖曾試作過種種調查，但很爲遺憾地尙未能發現適當之史料。

第十一章

從五代、北宋時代起，於死刑的絞、斬以外，更出現了所謂「凌遲處死」的極刑。據普通傳說，凌遲之刑似剏始於元代。然在「宋史」（卷百九十九、刑法志一）已見有記載，清錢大昕根據南宋陸游的「渭南文集」作證，該刑開始實行於五代，殆無庸置疑（參看「養新錄」卷七、凌遲項）。所謂凌遲者，據「宋史」（卷百九十九）云：「凌遲者先斷其支體，乃抉其吭，當時之極法也」，陸游則說「肌肉已盡。而氣息未絕，肝心連絡，而視聽猶存」——「渭南文集」卷五，條對狀（五），謂拖長時間，增加其痛苦而予以處死之謂也，據傳清代的凌遲有二十四切、三十六切、七十二切和一百二十切等之區別（Gray; China. Vol.

I. pp. 59 — 60)。

總之，自此極刑出現之後，尤其自元代之後，凌遲處死弑親之人，已極普通。「元史」（卷百四）刑法志，關於有關弑親之條文，記載如次：

諸子孫弑其祖父母・父母者，凌遲處死。

諸子弑其父母，雖瘐死獄中，仍支解其屍以徇。

即弑親的罪犯，處凌遲死，萬一犯罪者在調查期間獄死，仍支解其屍體，以供世之懲戒。「明律」（刑律、人命）和「清律」（刑律、人命），全都將殺害父母的罪犯，作凌遲處死的一點上，無任何差異。在「明律」有關處分弑親的條文裏，有

凡謀殺祖父母・父母……已行者皆斬、已殺者皆凌遲處死。

的規定，更在其纂註中加以

此綱常之變，罪莫大焉，故已行者，不問傷人未傷人。不問首從，皆斬。已殺訖者，皆凌遲處死。

之解釋。在「明律」中之所以區別已行及已殺者，也許是在實務的觀點上，有其便宜，但自儒教的傳統精神來看，並不能令人感服。關於此點至少「唐律」是頗爲道德的，這與「明律」之爲法律的兩相比較之下，其間實有相當的逕庭⑰。

註⑰「唐律」名例律一的謀反的疏議中所引「公羊傳」

案公羊傳云，君親無將（預備罪），將而必誅，謂將有逆心而害於君父者，則必誅之。之文句，見於莊公三十二年條。魯莊公將薨時，擬將其庶子子般（＝子斑）爲嗣，莊公之弟叔牙，荐其兄亦卽莊公之長弟慶父爲魯君，因其終懷不穩之志，莊公之季弟季友，迫兄叔牙自殺。「公羊傳」同意季友的處置，所以纔加了「君親無將、將而誅焉」的說明。關於將字，唐朝的顏師古解釋爲「將謂將爲逆亂也」（「漢書」卷九十三、佞幸傳〔董賢〕），唐朝的李賢則將之解釋爲「將者將爲弒逆之事也」——「後漢書」卷六十二、樊儵傳）。對君親之逆罪，不認爲有將（未發）與已（已發）的區別。倘存惡逆的意志，卽此便處以大辟（大罪）。

整個的兩漢時代，斷獄多援經義，尤以據公羊傳者爲多（參看淸趙翼「二十二史劄記」卷一、「漢律考」卷六春秋決獄考）。故謂「君親無將，將而誅焉」的精神，是遵奉「漢律」（參看「漢律考」卷六），遞傳而爲「唐律」所採用。但在「明律」中，却將已行及已殺作了區別，所以失去了這種傳統精神。此雖係出於時勢之推移，自有其不得已之處，然對於研究古代法律之人來說，實難禁有多少感慨於其間。「欽定四庫全書總目」卷八十二有「論者謂，唐律一準乎理，以爲出入，得古今之平」之說，是否將古今之平，當爲另一問題，「唐律」比較「明律」確是多存禮意。薛允升的「唐明律合編」固以查覈論評唐明兩律之異同爲主旨，但竟對此一重大的差異之處，全然漠視，隻字不提，其故安在？我國的「養老律」當然也是模仿「唐律」，繼承「君親無將，將而必誅」之精神的，故在我國古代法律之中，時時可見「將而必誅」的詞句。「律疏殘篇」（「日本古代法典」本）的賊盜律第七、謀反的註，有特而必誅，時而必誅，或持而必誅等字句，皆屬錯誤，應該是「其事未行、將而必誅、卽同眞反」，方爲正確，其爲「公羊傳」所傳將字之誤，殆無疑義。

如上所述，「清律」與「明律」一樣，將弒親之人凌遲處死，這是法文上的規程，實際上還在此以上。這只要想一想上文介紹過的同治四年對於毆打母親之人的處分，便可容易想像出來。在清代，如發生弒親事件，除對於犯人加以凌遲處死的處分外，還要毀壞其住宅和家廟，斷絕其一家，對於曾經教育過此不孝之人的地方學校之教師，也要給以嚴重處分，有時處以死罪，地方長官也必須負感化不周之責（Gray; China. Vol. I. pp. 238 — 239 Smith; Chinese Characteristics p. 229）。破壞極惡大逆之人邸宅的事，自周代起卽已實行（參看「禮記」檀弓下），至關於對犯罪人的教化不周，地方官和教師同負責任一事，起自漢代（參看「漢律考」卷四），並無特別差異之處。

在我國也和中國一樣，弒親者也被當做大逆而處以極刑。在「養老律」中，更不論未遂已遂，均處斬罪，在「御定書百個條」中規定將弒親者於遊街示衆之後處磔刑。倘弒親的人犯逃亡，則畫影圖形佈告天下抓拿，藏匿庇護之者，一同收押（「御定書百個條」八十一）。卽使是瘋人而弒親者，亦必處以死罪（同上七十八）。據由同僚三浦博士處所借閱之「御仕置裁許帳」卷一之記載，元祿三年（一六九〇）殺死父親茂右衞門的丸山政右衞門、和元祿六年殺傷了尊親的善兵衞之妻子，倆者雖都是瘋人，但均被處了磔刑。元祿二年因認錯了人而殺害了父親的竹林佐五兵衞，同此也因誤認人而殺害了父親的權平某，倆者的情狀雖然也都嚴重，且屬一種過失殺人，但均被處磔刑（「御仕置裁許帳」卷一）。德川幕府就這樣一面重罰不孝，一面又不惜努力獎勵孝行。我雖然不能確知在德川三百年間所發生弑親事件之多寡，惟近年我國殺害父母的不幸事件，與歲俱增，且在犯人之中，有不少還是受過相當教育之人，此種事實，寧不令人浩歎！⑱。

註⑱我近兩三年來，天天注意報紙上所發現的弑親事件，爲數很多。就中有一件是於大正十三年十一月所發生。新潟縣高中文科二年生酒井棟夫，於白晝將其父母雙雙弑死的慘事，令人難忘。根據傳聞，兇手酒井平常放蕩不羈，沉湎酒色，懷恨父母的規勸，竟致出此兇行。此事如在中國，不，即使在我國的德川時代，也一定造成了轟動社會的大逆事件。然而事件發生的當時，新聞上僅把它當做芝麻綠豆大的消息，在報導上毫不在意，其後有關犯人的處分等等，一切全無報導，事件發生後已經了三整年，傳聞仍在上告之中，無論有任何事情，這種處置也未免拖得太長了。在中國，弑親事件必與其他事件分開，迅速奏決特別處理。（參看「明律集解附例」卷十九）。

這却暫時不提，酒井事件僅於發生當時作了簡單報導，其後無論新聞雜誌再未見有任何有關評論與意見發表，所謂憂國之士，對此一重大事件也視同風馬牛之不相及，咸持與我無關之態度。既不成爲議會的問題，當然內閣更毫不爲所動，難波大助的事件，震撼了全國，引起了內閣的總辭。酒井事件固非難波事件之所可比，然倘以忠孝爲我國國體之核心，則社會對於該一事件就未免過於輕視了。

在酒井事件中，敎部部長當然不負任何責任，就連新潟高中學校校長，也不負何等責任。社會似也視爲當然。但是當一座禮堂被火焚燒時，或學生在講演會中有被認爲不穩的言論時，當該校長不是一定要遭到來自上司的譴責麼？我所認識的一位校長，他便知道在這種場合遭受譴責的兩三個實例。對於禮堂的焚燬和學生的言論要負責任的校長，對於學生的忤逆，絕無不負責任之理。我自大局的高處放眼縱觀，爲我國的風敎前途想，有關酒井事件，相信敎育當局必將給予該校校長以譴責，該校校長應受譴責之事，亦爲理所當然。

第十二章

中國的法律，如上所述，自維持孝道的見地說，對不孝的行爲所加之處分，是十分嚴酷的，然同時雖屬犯人，倘爲成全該犯人的孝道有其必要時，可暫時將法律之執行改爲緩刑，給予充分方便。在嚴酷的處分之另一面，亦實行富有人情的通融。譬如在「唐律」的名例律㈢便有

諸（凡）犯死罪，非十惡，而祖父母·父母，老疾應侍，家無期親（二等親）成丁者上請。犯流罪者，權留養親。

的文字。卽雖爲犯死罪的重犯，其祖父母、父母已屆八十以上（有時爲年七十以上）之高齡，或雖未及七、八十，但因有篤疾，難以自活，且無可用以侍養之至親時，特准具情申請，

遵勅許可准留該人犯，使之侍養父祖。如爲流罪之犯人，則不需請示，在當該官府權限之內，可許其侍養其父祖，於是在給老病之祖父母、父母送終之後，於小祥忌（一週年）終了之時起，方給罪犯科以所定之實刑。

凡犯較死罪與流罪爲輕之徒刑者，其父祖因老病而缺人侍養時，可以杖代徒，給予侍養老親之方便。又如按我「養老令」之獄令所推知，凡爲徒、流之犯人，而在服役中者，又爲死刑囚而在獄中者，當其接奉父母訃聞，可給予相當期間之休假，令其舉哀盡孝。這一方針在整個宋、元、明、清時代，迄無變化，却毋寧愈至後世而愈益寬大了（參看「大清會典事例」卷七百三十二、七百三十三）尤其在「元史」刑法志中，規定

> 諸官吏私罪被逮。無問已招未招，罹父母大故者，聽其奔赴丁憂，終制日追問，公罪並矜恕之。——卷百二、職制上

這雖僅限於官吏，但頗爲寬大之處置。官吏爲人民的師表，此或爲不使其疏忽孝道而特定的條款？

在中國法律之中，最足被認爲發揮家族主義之點，乃承認互相隱蔽親屬間之罪惡的條文是已。「唐律」的名例律（六）說：

> 諸（凡）同居若（或）大功以上親，及外祖父母、外孫，若（或）孫之婦，夫之兄弟及兄弟妻有罪。相爲隱。……皆勿論。卽漏露其事，及擿語消息，亦不坐。……若犯謀叛

以上者，不用此律。

即除謀反，謀大逆、謀叛。及對國家、皇室有關的特別犯罪外，在其他犯罪的場合，自父母及子、祖父母及孫、夫及婦、兄及弟、伯叔父母及從子、從兄弟彼此等開始，在相當廣泛範圍的家族與親屬之間，不妨互相隱蔽犯罪之人。除了隱藏，更進而對官憲的追捕和佈署、以及其他事情等，通知犯人或給予方便，都不構成罪名，本來據「唐律」的捕亡律，是有下列規定：

諸捕罪人，有漏露其事，令得逃亡者，減罪人罪一等。

諸知情藏匿罪人，若（或）過致（傳達）資給，令得隱避者，各減罪人罪一等

此卽在其他一般人之間，如將官府的通緝情形，秘密通知犯罪人，給予逃亡之方便，或知情而隱匿犯罪之人，或供給金錢，助其隱避者，以處比本犯罪人減一等之罪爲原則，其所以科以如此重刑，其意實在防範犯罪人之隱避。然唯限於家族與親屬之間承認其容隱者，歸根結底，其目的實不外於維持家族制度以及保護親親主義。

如前所述，儒教將以孝悌爲中心的親親主義，爲其敎義的基礎。因之認父子兄弟間的容隱，爲人情上當然之事。「論語」（子路第十三）葉公說有名叫直躬之人，向官府告訴其父偷羊，孔子謂爲違背人情，孔子說「父爲子隱，子爲父隱，直在其中矣」。同一事件「韓非子」的五蠹篇也有記載，韓非在此推奬直躬的行爲爲公直無私。孔子與韓非見解之不同，來

自儒家與法家各自立場之不同，我們必須認清這一當然的歸結，因爲儒家執親親主義，以人情爲出發點，而法家則執非親親主義，在法律之前排斥一切人情之故也。

總之，在持親親主義的儒教方面，承認「爲親者諱」與「爲親者隱」爲當然的行爲。因此「春秋」以「爲親者諱」，列爲其書法的三大綱領之一（參看「公羊傳」閔公元年條）。西漢宣帝於其地節四年（公元前六六年）下詔說：

父子之親，夫婦之道，天性也，雖有患禍，猶蒙死而存之，誠愛結於心，仁厚之至也。豈能違之哉，自今子首匿父母，妻匿夫，孫匿大父母，皆勿坐。其父母匿子，夫匿妻，大父母匿孫，罪殊死。皆上請廷尉以聞。——「漢書」宣帝本紀

至親容隱之法，大體上在兩漢，六朝時代似都曾實行，而「唐律」畢竟不過是繼承儒教的傳統精神而已。自「唐律」揭載至親容隱條文以來，爾後歷代之法律無不襲仿。「明律」（名例律）「清律」（名例律）等，皆存親屬相爲容隱之條文，發揮了中國法律的特色。因爲中國法律承認至親容隱，故在審判父祖時，不以子孫爲證人。東晉元帝時，衞展上書稱：

今……有考（拷問）子正父死刑，或鞭父母，問子所在。……相隱之道離，則君臣之義廢。君臣之義廢，則犯上之奸生矣。——「晉書」卷三十、刑法志

又晉宋鼎革之際，蔡廓也曾述議

鞫獄不宜令子孫下辭，明言父祖之罪，虧教傷情，莫此爲大。自今家人與囚相見。無乞鞫之訴，使民以明伏罪。不須責家人下辭。——「宋書」卷五十七、蔡廓傳

均被採用實行，又元成宗的大德十年（公元一三〇六年），在刑部與禮部協議之下，宣示嗣後不得再以犯罪人的至親在法庭作證，其父云：

人倫之大，莫大於君臣、父子、夫婦、兄弟之敍，至如刑法之設，正爲裨補教化，當以人倫爲本，近年有罪者，子證其父，弟證其兄，婦證其夫，奴證其主，……其弊至於使人不復知有綱常之理。——「元典章」卷五十三

萬一在調查犯罪之際，子爲親之罪而出面作證，則將以所謂干犯大義名分之罪名，予以嚴重的處分。梁武帝時，有一人母犯了相當於死刑的誘拐罪，當官府調查其犯行之際，其子出而作證。當時之法官虞僧虬，以其子的行爲爲忘慈親背人倫，有害世道人心，主張不可不加之以罪，終以聖旨將其流放交州（「隋書」卷二十五、刑法志）。

另外有一件與此案情形稍有不同的事件，是發生於清乾隆五十一年（公元一七八六）的「壻誣告妻父給毒藥，謀害其姑。奉旨改發爲奴。女聽夫，誣證其父，擬絞監候」之一案（「成案所見集」第三集卷十三所載）。關於此一問題，似有相當參考價値。

茲介紹該案的要點如次。有蒙古八旗名韋馱保者，以其岳父湯作新蠻不講理，致韋馱保與湯作新翁壻之間發生感情衝突。韋馱保於憎惡湯作新之餘，計劃誣以重罪而陷害之。誣告

的計劃是說湯作新欲毒殺韋馱保之母，幸被及早發現，解毒，結果方得不死，然以湯作新實爲殺人未遂的罪人，故向官府誣告。爲使此項誣告達成目的，韋馱保乃促其父母及妻，對其誣告作有利之僞證。其妻最初因難對其生父作誣證，而加以拒絕，但由於周圍的壓廹與强求，終於答應了可予僞證。因此湯作新以殺人未遂之重罪鋃鐺下獄，但經反複審理，結果終於判明了誣告與僞證的事實，遂將誣告的一造，給予下述的處斷。

㈠妻湯氏因受其舅姑與丈夫的脅廹，其情狀雖稍有可予斟酌之點，但以人子而誣證其父之重罪，似此行爲，實爲名教（凡彝倫之所關，聖賢之所訓的儒教道德）的大罪人，必須從重處罰。故湯氏暫擬絞監候——卽以未確定之絞罪暫行拘留——待秋審——每年秋期，由與司法有關的高級官員會同審理最重要之罪犯——之際，確定處分。

㈡夫韋馱保爲主犯，情最可惡。削除其旗籍，發往伊犂邊荒（今新疆天山北路極西），畢生與當地厄魯特蒙古族爲奴。

㈢韋馱保之父母，因僞證罪處杖八十，但許贖罪，如易納罰金，亦可不科實刑。

上述各人雖同屬僞證罪，且湯氏之情狀爲有最可斟酌之餘地，然以人子而僞證父罪，干犯大義名分，故處以與其舅姑不能比擬之重刑，其較諸主犯韋馱保，被處以更爲重科之點，極值注意。

第十三章

日本的古代法律當然也是親親主義，在父子、夫婦之間，承認着容隱。尤以「御定書百個條」的第八十二條，記載得很明白：

對於搜尋尙未歸案犯人時

一、不得向家臣從僕詢問主人

一、不得向子詢親（父母）

一、不得向弟詢兄

一、不得向姪詢伯父

當時政治家的用意至堪玩味。然在我國近時的審判中，竟將父子、兄弟、夫婦一類之至親骨肉，毫無顧慮地傳至法庭之舉，至爲引人注目。此對毀壞我國古來之淳良風俗，當非淺鮮。在有數的實例之中，以本年初春，發生於和歌山縣海草郡椒村的怪殺人事件中，强使兇手寅枝姊妹的七十二歲生身母它梅出庭，爲其孩子們作證，或曳其領路到掩埋被害人屍骸地點，致使垂死之人的老眼血淚滂沱，即使從人道的觀點來看，這也是極爲慘絕人寰之擧。改正我國現行法律，以便使之增加些古來家族主義味道的機運，據聞在司法界人士之間，已日臻成熟，此等改進實現之日，首先第一件應該廢止者，即曳父母爲其子之罪出而作證，破壞家族主義的處置是已⑲。

註⑲先秦（？）的乾伯兪有過，受母笞時，非常悲號，以往每受母笞未嘗哭泣，今日則悲泣愈恒，似感特別痛楚，母怪而問之，伯兪答云：「他日兪得罪，笞常痛，今母之力〔衰〕，不能使痛，是以泣。」（事見西漢劉向「說苑」卷三、建本篇）。

日本聖武天皇之世，據傳有一名叫吉志火麿之人，攪擾母親不安，並擬將之誘至山中予以殺害時，大地忽裂，火麿陷身裂縫之中，嚎啕大哭。其母一時竟忘了火麿平日忤逆之事，爲之仰天哭願，祈禱神靈說：「吾子者託物爲事，非實現心，願免罪貺」。（「日本靈異記」中，忤逆之子愛妻，將欲殺其母，陰謀忽洩露，被處惡死緣第三。

被笞打而忘自己之痛，竟注意母親的健康，將遭殺害，而猶忘怨以庇保其子，親子之至情如是，實際上亦必須如是，方得謂之親情。「穀梁傳」（文公十五年）不云乎，「父母之於子，雖有罪，猶欲其免也」。然而不顧這種至情，在神聖的宣誓之下，使子證其親之罪，使親證其子之罪，類此行爲實近於毫無心肝。總之，在輓近的法官與律師之中，惟熱中於當面事件，而忘懷大局者，頗不乏人。在法庭對證人的申請，和證人的傳喚，此種弊病時有發現，極值注意。

有一利則有一害，是謂天則。儒教的親親主義與中國法律的親屬容隱主義，假如都流於極端，則弊害亦往往有與之俱來之虞。如徇私情過分，則易於忘卻公義。在「孟子」一書中，即有一顯著的例子。「孟子」盡心章（上），載有孟子與其弟子桃應有關親親主義的問答。假定舜爲天子，而其父瞽瞍犯了殺人罪，則舜應如何處分其父親？做爲一位天子，本來應該根據天下的大法，而正以殺人之罪，但以人子的私情而論，則又不能不解救父親的罪過，在公私兩難的情形下，舜應如何進退？這是桃應所提出的疑義。孟子對這項質詢的答復是：舜視棄天下，猶棄敝蹝也、竊負而逃，遵海濱而處。孟子的此項答辯，自第三者觀之，實有難以令人感服之處。苟當天的曆數，卽元后之位，負有保育之責的大舜，決不會像平民百姓一樣，採取這種不負責任之行動的道理。西洋學者議論儒教之弊者，常擧孟子的答辯爲證（Selby; As the Chinese see Us. pp. 85—86），顯示孟子的解答，難免有徇私情而忘公義之嫌⑳。然而像孟子這樣的大儒，竟作如此痛苦辯解，確可於以看出中國孝道——無論在任何情形下，咸以親之安全爲第一義——之根深蒂固及其特色了。

註⑳自周代起，在司法上卽有所謂議親的特別處理辦法了（「周禮注疏」卷三十五，秋官大司寇）。對於天子至親的犯罪，作特別處理。「唐律」八議的議親，和日本「養老律」六議的議題，咸出於周代的傳統，無待煩言，設如大舜時代之士（＝司法長官）皐陶，瞍照「周禮」所說議親之辟（刑、罪），來處理瞽瞍事件，則舜帝似乎沒有採取與其父瞽瞍逃亡窮策之必要，縱使皐陶時代無所謂議親的特徵辦法，然當孟子時代，確已實行此種特別處理辦法，徵諸「周禮」以外的史料，已不容置疑。是以假如孟子若利用了議親之法，他不是更能給桃應一個稍較合理的答辯麼？我認爲此點應爲對孟子答辯仍不感滿足的原因了。

本來在中國人的孝道上，背親與犯親就屬不可想像的邪辟不正行爲。故萬萬一因人倫之變，而遭遇到如此情形，中國人對於處置此項事件，實屬煞費苦心。孟子所說爲人子者，應犧牲其地位，與負罪的父（母）共同逃亡之處置，在人情上或亦可視爲當然，惟如其子處於有如天子之特殊地位者，則亦發生特殊問題。

石奢爲楚昭王之相。於其出巡地方時，道有殺人者，追捕之，乃其父也，縱其父而還自繫焉。使人報告昭王說：殺人者，臣之父也，夫以父立政，不孝也，廢法縱罪，非忠也，臣罪當死。王赦了石奢的罪，但石奢的責任感極強，自以爲一國之大臣，不私其父，不算孝子，不奉王法，也不能算忠臣。王赦免其罪，是出於王的恩惠，他竟自殺身死。事見「史記」（卷百十九、循吏傳）。一般人或認爲國王既已恕罪，何必還自刎而死呢？可是他不利用一國大臣的重要地位，枉法忘責之美德，不亦值得推獎麼？縱令他有幾分過於廉直之嫌，但也可謂採取了情理兼顧的措施。然評論石奢的中國學者，却多對他不表贊同，明朝的何孟春便說：「奢何不與之而俱亡？」——「史記評林」石奢傳），明之邵寶也評論說：「竊負而逃，舜爲天子，然且可爲，而奢獨不可乎？——同上）。然此等評論，因多少感以尚有非難餘地的孟子之議論爲前提，故絕不能被認爲是的確的評論。

如上所述，中國法律是承認親子間之容隱的，推測立法者的精神，有親子關係之人，互相容隱罪行，乃人情上當然之事，可說毋寧還有些獎勵的傾向。諸如嚴禁爲人子者控告其父母，即可看做是一項證據。中國法律自古即對控告父母（尊親）之人子施以嚴罰。上文所介紹過的春秋時代之直躬，因揭發父罪，而被處死刑（參看「韓非子」五蠹篇「呂氏春秋」當務篇)。漢高祖的曾孫劉爽，上告其父衡山王的逆謀，因之被問以不孝之罪而棄市(「漢書」卷四十四、淮南、衡山、濟化王傳)。

在「唐律」(鬥訟律三)中亦明白記載着「告祖父母、父母者絞」的規定，不許子孫控告父祖，除如謀反、謀大逆、謀叛，有關國家及皇室之犯罪外，控告祖父母、父母時，被告的父祖縱屬有罪，亦被視同自首，免其罪刑，原告子孫則以破壞名教的不孝者，而處以絞罪。故結果在實際上，卽等於絕對禁止控告父祖是也。在「明律」(刑律、訴訟)及「清律」(刑律、訴訟)之中，「告父祖者」的處分稍稍減輕，改爲杖一百、徒三年，至於嚴禁子孫干名犯義的法律精神，並無任何不同之處。

日本的古代法律也和中國一樣，同採禁止控告父祖的方針，武士統治時代的法規，也累次禁戒子孫控告父祖。德川時代的「御定書百個條」中之第六十五條，卽載有相當的條文。

本來依照德川幕府的方針，是予告訴人以莫大之褒美的，對於告發惡事尤爲獎勵，但同時對孝道的保護，更爲注意。故子孫決不能控告父祖的私惡。縱使子孫遭受父祖的不當與非理的迫害，也必須極力避免公然訴之於法庭。上文引用過的第六十五條末尾便曾說，但主人家長如有品行不端，有難言之處，懇請寬宥其控告之罪者，則可傳喚里長，自衞團以及親屬之人，妥善處理。翫味此等文句，則其間的情事便不難推測而知了。但唯有有關國家的重大關係的罪科，雖屬至親之間，亦許控告，但卽使在這種情形下，其告訴人不但不得榮獲給告訴人的相當褒美，反之，却因控告尊親屬之點，照例還須受相當之處分。總之，在整個德川時代，無論中央政府或地方官廳，對於發生於親子或伯父姪等至親間之訴訟，咸都是堅持着
㈠此等訴訟儘可能不予受理；
㈡如不得已受理，儘可能採取和解方式；
㈢如不得已而致訴訟表面化，在審判上固應論出是非曲直，然不論勝敗如何，但以子女而以其親爲相爭之對造，應給予不孝之罪的相當處分。
等大政方針，毫無變更（參閱「古事類苑」法律部卷五十四、訴訟下）。

第十四章

新井白石（公元十八世紀初的日本政治家——譯者）的「折柴焚柴記」卷下，有一段記載。正德元年（公元一七一一年）關於發生於川越在地方殺人事件的處理，在瞭解當時的政治特色上，爲一最好的資料。川越在的百姓甚五兵衞與其子四郎兵衞共謀，殺害甚五兵衞之壻伊兵衞於出外經商之途中。甚五兵衞之女、伊兵衞之妻烏梅，對此項兇行毫不知情，當其夫不在時，搬回父家居住，終日翹首盼其夫早日歸家。但音信杳然，如坐愁城，一日偶聞附近河套發現死屍，希望公家是否能夠檢驗一番。身上帶傷的父兄對此不表贊同，烏梅對於父兄之弱點，自無留意疑心之理，但她終於報告當地里正，請求驗屍，比及將屍體撈起，相驗

之下，竟意外地發現死者卽爲烏梅之丈夫。由此初步發現，逐漸斷定死者伊兵衛實爲甚五兵衛及四郎兵衛二人合謀殺害，棄屍河中。二人之罪刑立卽確定。但最初發現事實之端緒者烏梅之行動，頗引起是否應予告發父親作惡之罪的疑問，關於烏梅之處置，川越的領主秋元但馬守（但馬的地方官）備文請示幕府，以便有所遵循。

幕府對此事件亦至表重視。關於事件之處理可謂煞費苦心，它曾廣徵再審官員及各方面之意見，其中最有力者爲林大學頭信篤及新井白石二人之意見。

甲、信篤以「左傳」（桓公十五年）因鄭之祭仲專橫，其壻雍糾欲爲國除害而殺之，其時祭仲之女亦卽雍糾之妻的雍姬，備覺進退兩難，因質問其母，父與夫孰重，母告之曰：「人盡夫也，父一而已。胡可比也」的事爲根據，指明父在夫之上，故不能以夫之事而揭發父親之罪。縱使烏梅不能確切感覺父親是犯人，但竟由她而揭開發現事件之端倪，故對她正應擬以控告父親之罪，而處以死刑。倘烏梅確實不知其父爲殺人兇犯，則可免其死罪，沒官爲奴婢可也。此爲信篤之意見。

乙、新井白石與其友人室鳩巢商議之後，提出下述意見。依據「儀禮」喪服制，妻爲夫斬衰三年，爲父齊衰一年，此爲事實，又據三從之義「既嫁從夫」（「儀禮」喪服傳、「穀梁傳」隱公二年）之事實推之，夫對已嫁之婦女，必在父親之上。爲夫而控告父親之惡事，亦屬不得已而爲之。是以烏梅之行爲，無罪可言。況她自始既完全不知其父爲殺人兇犯，故愈無加之以罪之理。

幕府終於採用了白石的意見。對烏梅未加以任何罪型，又根據白石之注意，諷勸烏梅剃髮，爲其父與夫的來世祈福，送入鎌倉之尼寺，度其餘生。吾人對白石之意見的根據，雖仍有議論之餘地，但其最後的處置，在大體上尚屬妥當㉑。

註㉑關於此一事件，烏梅是否曾感知其父爲兇犯之事實，實爲首應銓議的要點，據「折柴焚柴記」和「決獄考」（「古事類苑」法律部卷六十所引）等書之所記載，烏梅似乎完全或幾乎無所感知。如果她眞不知其父爲殺人兇犯，則烏梅的行爲便不成問題。白石與信篤雖均未無視此點，但仍稍有輕視之嫌。我不贊成他們把事實的銓議列爲第二段，而將對於罪行擬律的穿鑿列爲第一段。將罪之有無的銓議列爲第二段，而努力於刑的輕重之穿鑿，允爲本末倒置之誤。

假如烏梅於感知其父爲殺人兇犯之餘，將已暴露的端緒揭發出來，至此方發生對她告父之罪的擬律問題。據白石的看法，一旦到了擬律，那便不應如此簡單決定了。僅以喪服之制爲標準，對於已出嫁的女子來說，便不能斷定在任何場合夫皆居於親父之上。設如以白石的意見爲是，倘若相反地夫毆打其妻之生身父（岳父），或殺害之者，則妻不得請求與其夫離異，或向官府控告了，可是中國的法律與此却正相反。夫如殺害了岳父，固不必論，即屬僅予毆打，也正該當義絕，故義絕一旦表面化，則即自該一時刻起，夫婦遂即成爲離異，而成爲路人矣，此一規程是絕對的。在此種情形下，如夫妻不實行離異，却必須接受法律之制裁。「唐律」（戶婚律三）中記載說：

諸犯義絕者離之。違者徒一年。

又「唐律疏義」亦加以說明：

皆坐不肯離者，若兩不願離，即以造意爲首，隨從者爲從。

實爲可驚的嚴重制裁。

南宋時曾有妻的舅，即丈夫的父（今人稱爲公公）與他人共謀，毆打妻的生父致死之事件。在調查事件眞象之中，忽逢大赦，舅被免罪獲釋，而妻仍繼續與其夫同棲，名人陳振孫爲當時的地方官，他認爲舅雖逢大赦而被免罪，但夫與妻之間的義絕，並未消滅，故此兩必須離異。他曾作以下的主張，說：

父子天合。夫婦人合。人合者恩義有虧則已矣，在法休離皆許還合。而獨於義絕不許者，蓋謂此類。

元初周密所著「齊東野語」卷八。

此項主張，無論在當代或後世，在中國法界人士之間，咸被推奬爲允正妥當的意見（「唐明律合編」卷十四）。依照白石的意見，便很難充分說明此種義絕之理由。總之，屬於家族或親屬間的事件，必須斟酌親疎來解決，然親疎之區別，乃以喪服之制爲標準。故白石以喪服之制爲根據表達其意見，並不一定是錯誤的。但以喪服之制爲唯一根據，則有其弱點，因爲在喪服之制以外，關於尊卑的關係，正服及義服的關係，如屬可能，甚至事理之曲直，也都應併同加以考慮。加之，喪服之制亦非一成不變，自周代，經唐宋兩朝而下迄明淸時代，它已有了相當改變之點（參看淸徐乾學「讀禮通考」卷一至卷三、喪期表）。此項改變，或係認爲周代喪服之制，有不充分之點，或像認爲因時代之推移，經已發現了應行改正之點的結果，因爲妻對夫及其生父的喪服之制，古今一致，在此並不發生問題，暫不討論，一般以喪服之制爲論據時，不僅「儀禮」的有關項目，即後世的改變亦有合併參考之必要。

在西漢時代，有一個人子欲行救助行將被他人殺害的父親，在危急情形下，竟誤傷了自己父親的事件，關於這一事件，當時的某法律家發表意見說，縱在危急之時，傷害父親之人，亦應處以死罪（參看「太平御覽」卷六百四十所引「董仲舒決獄」）。這種意見是偏僻之論，自不待言，卽在當時也未曾獲得多數的贊同，但在這僻論之中，不是也有親是絕對不可侵犯的堅强信念，髣髴於其間麼？縱使是過失、或爲無意識，凡爲人子而有如侵犯父母形迹的行爲，決不能置諸不問，並處以相當重科，而防厲階，此爲中國政治家經常措意之處。正德元年的事件，亦多少與此有相近似之處。烏梅的行動，招致了預想不到的結果，間接也因以揭開了暴露父兄犯罪的端緒，故當時之政治家對之極爲重視，關於是否應處烏梅以干名犯義之罪，曾惹起一番很大的問題，這種事實的本身，對於當時的政治家是如何尊重孝道，得以提供一項證據。

第十五章

孝爲百行之基，亦爲萬善之首。以孝之一德，不難使其他一切諸惡盡行消帳。中國有「百行孝爲先、論心不論事，論事世間無孝子」——（Smith; Chinese Proverbs. p. 292）

的諺語。祇要有孝心，在此之外，中國人並不求全責備。故祇要某種行爲出發於孝行，縱使其行爲有所不妥，中國人對它也會加以原諒。正因爲如此，故爲母懷橘（爲孝母而偷竊他人的橘子）的三國時吳國的陸績，或爲親而將生埋兒子的漢朝人郭巨，都被視做孝行的代表，而爲後世所尊敬。

爲父報仇、或割股爲親療疾的風俗習慣，弊害亦多，原則上中國官吏對此固屬禁止，但在實際上這種原則，並未曾厲行，毋寧被人所忽視，而遭人破棄之場合亦多，其所以然者，歸根結底，概由於中國官吏於同情其爲親盡孝的動機之餘，不外於明中暗裏給予獎勵之結果。

甲、復讐

儒敎本來是承認復讐的。或謂「父之讐弗與共戴天」——「禮記」曲禮上，或謂「父母之讐不共戴天」。「（居父母之仇）弗與共天下也。遇諸市朝，不反兵而鬪。——「禮記」檀弓上。又「公羊傳」亦云：

君弑。臣不討賊非臣也。不復讐。非子也。——隱公十一年。

要之，儒敎不僅承認復讐，更進而視復讐爲對至親之一種義務。然而，一方面對於殺人者，又不能不加以處分。漢高祖入關中，約法三章時，亦第一規定「殺人者殊」（「史記」高祖本紀、漢元年條）。漢之廷尉所謂「殺人者死，傷人者刑，今古之通道也」——「通典」卷百六十六」，眞理也。如禁止復讐，則傷親子之情，如公認復讐，則開相殺之路。此亦即自儒教之立場言難以承認，自行政之立場言，則又難以禁止。兩漢以後歷代的中國官吏，對於復讐之處置，常處於進退兩難之狀態。

唐之則天武后時，徐元慶手刄父仇趙師韞而自首。諫臣陳子昂對於處置此一事件時，建議兩點。

㈠爲父復讐爲孝子當然之行爲，已爲禮經所承認。故依據此點而論，徐元慶之行爲應加獎勵。

㈡然「殺人必誅」是乃古今通用的刑法精神，亦爲治安的要諦。據此而論，則徐元慶的行爲，應加以刑罰。

今試將上述兩點理由合併研究，應處徐元慶以死刑而正國法，同時旌表其門閭與墳墓，以獎禮教。如此，禮與刑之精神，可以並傳。此爲陳子昂之意見，曾被採用實行（見「新唐書」卷百九十五、孝友傳）。

關於此項處分，後來由柳宗元在一篇「駁復讐議」（見「柳河東集」卷四）中，加以反駁。柳宗元認爲禮與刑必須一致。旌表與誅戮莫得而並。誅其可旌，旌其可誅，壞禮濫刑，將使天下後世之國民，趨義者不知所向，違害者不知所立，無所適從。柳宗元之非難，實屬正確。則天武后時之朝廷，其所以採取如此不徹底之處分，歸根結底可說它對於復讐並無確切的定見，常處於進退兩難之狀態，如此做法，亦無非窮餘之一策而已。雖然如此，但在此無可奈何之中，仍可體諒出當時朝廷官員對於孝道的苦心。

在「唐律」裏，沒有處分復讐的記載。每逢發生復讐事件，都是會合朝臣，聽取他們的意見而加以處分。韓愈有復讐狀（「韓昌黎集」卷三十七）一篇。這是在憲宗時代他關於復讐事件所寫的意見書。他的意見之要點是說，禁止復讐，則將傷孝子之心，於德教有虧，然如公認復讐，則於治安上有礙。國家法律之所以關於復讐未明訂條文者，其意義蓋極深長也。在事件發生之場合，則召羣臣會議，應於闡明事理之後，再行處理。

在整個唐宋時代，每有復讐事件發生，都如韓愈之意見，召集會議以定處理辦法。在此期間發生的復讐事件相當多，在復讐者之中，亦有成爲國法之犧牲，而被處死罪者，但無論政府官員也好，或社會一般人士也好，對於被處死之人，大都寄予深厚之同情。但被處死罪者仍爲少數，其中之多數或被減輕罪刑，或被免除刑責。像南宋王公衮的復讐事件，即爲其顯著之一例，不久前有盜墓賊發王公衮亡母之冢。其後盜賊爲官吏所捕獲，被處徒罪，王公衮不滿法庭之判決，竟將拘禁中之盜賊殺死而自首。據元初周密「齊東野語」卷九之記載，據傳當時的處分如下。本來盜墓賊應處死刑，但該地方官却把他判了徒刑，因係失刑，故該官吏必須受到懲誡。王公衮所殺害者原係應得死罪之人，故爲無罪。是以王公衮非獨得被放免，且受到世間非常之同情，當時的天子孝宗亦以他爲孝子，並給予非常的眷顧。

然而若每逢發生事件，卽須重新召開會議來解決處分的方法，旣感麻煩，又有前後處分分岐之虞。故自元代開始卽將有關復讐的條文，納入法律（參閱「元史」卷百五、刑法志四）。這是對復讐者頗爲同情，而在大體上是對復讐給予了公認。接着在「明律」之中，也揭載了下列的條文：

若祖父母、父母，爲人所殺。而子孫擅殺行兇人者，杖六十，其卽時殺死者勿論。——刑律、鬥毆。

此卽㈠在現場對殺害祖父母、父母之仇人復讐，無罪。

㈡如非現場立刻還報，則復讐須得官員之許可，不待官員之許可，而任意實行復讐者，處杖六十。「清律」與「明律」同。總之，在元、明、清的整個時代，大致上復讐無妨可看做是公認的。關於復讐，可資論述之事項尚多，當另找機會研究發表。

乙、割股

中國介紹人肉爲療疾之藥劑者，據傳始自唐朝開元時代的名醫陳藏器之「本草拾遺」。「新唐書」卷百九十五孝友傳的序裏記載說：

唐時陳藏器。著本草拾遺謂。人肉治羸疾。自是民間。以父母疾。多刲股肉而進。

此處所說為父母、或為舅姑，割自己的股肉以供醫療之所謂孝子孝女，在唐宋以後的正史野乘之中，曾層見疊出，不遑枚擧。唐之韓愈早已對此種行為不表贊成（參閱「事文類聚」後集卷三所收、鄂人對），然此仍屬例外，一般均對割股視為最高的孝行，社會既予歡迎，官府亦予獎勵。但下迄元代，因恐有流弊發生，政府乃開始加以抑制。至元七年（公元一二七〇）由政府所頒之條文中，曾有下面一段記載：

……〔割股旌賞〕條例。頗與聖人垂戒。不敢毀傷父母遺體。不同。又恐愚民不知侍養常道。因緣奸弊。以敢毀傷肢體。或致性命。又貽父母之憂。具呈尚書省。更為講究去後。回呈送禮部講究得。割股行孝一節。終是毀傷肢體。今後遇有割股之人。雖不在禁限。亦不須旌賞。省府准呈。仰照驗施行。——「元典章」卷三十三、行孝之部。

明清兩代，一切均與元代相同，對於割股行孝之學，原則上不加旌表。然此項原則，實際上，在整個元明清三代之中，大概均未厲行。有關中國割股行孝之事蹟，我在拙稿「中國社會食人肉的習慣」（「東洋學報」第十四卷第一號所收、以後又收入「東洋文明史論叢」）中，已有所介紹，故在此不再重述。中國政府對於割股一事，一方面認為是弊害，予以抑制或禁止，一方面又對割股之人加以旌表，此種作為還是由於認為割股的動機，乃基於孝行的緣故。雍正六年（公元一七二八）清世宗的諭旨，足難以說明此中情由。

雍正六年福建巡撫報請旌表管內孝子李盛山，因他割肝以救母疾，母疾痊愈，然其本身却因傷重而死，故請對此孝子加以旌表。禮部就此一問題研究之結果，認爲「割肝乃小民輕生愚孝，向無旌表之例。應不准行」，然世宗則以爲

朕念割肝療疾，事雖不經，而其迫切救母之心，實屬難得。深可憐憫，已加恩准其旌表矣。——「欽定大清會典事例」卷四百三，旌表節孝條

地方官雖不同意，然皇帝却以特旨加以旌表。當然世宗也不是要把此次的處置，做爲定例，他還給地方官員傳旨要好好儆戒所轄人民的割肝輕生之愚舉，可是一旦開了特例的門戶，特例便容易化爲定例。其後在有清一代，對於「刲股割肝」的孝行，一概加以旌表。元明兩代雖認割肝行孝的弊害滋甚，而思有以禁止或抑制，但終於未能長久繼續下去，其原因或基於同樣的情由。

中國的官憲並非不知復讐與割股的弊害，正因爲他們知道它的弊害，所以纔想要設法加以抑制或禁戒，但是孝道爲中國社會國家的生命。復讐和割股，乃孝行的發露。如對復讐與割股之弊害，矯正過度，則將使寶貴的孝道趨於萎靡，故不可對孝行有所抑壓。此爲中國官憲當然之用心。是以上述的抑制與禁戒，都於不知不覺間弛緩下來，結果，復讐幾近於公認，割股以旌表爲常例，故情勢演變至此，吾人於非難中國官憲不徹底之前，還應該對他們尊重孝道的衷情，有所體諒纔好。

第十六章

孝道是中國的生命，也是中國的國粹，我在本文裏主要是從法律方面，將孝道加以介紹，但在中國社會各方面和國家各機關，同樣都普遍貫通着孝道的脈絡。除開了孝道，無論國家與社會，都不能繼續存在。此爲中國之實情。縱使其未必全然如此，但至少在過去的政治家與學者，是咸都抱有此種確信的。是以中國人每與外國接觸，必首依該國孝道之盛衰有無，以測定該國之文野。他們對匈奴則說「匈奴俗賤老」——（「史記」卷百十、匈奴傳），又說「匈奴貴壯健賤老弱」（同上），而加以排斥。他們對蒙古則斥爲「韃人賤老而貴壯」（「蒙韃備錄」）。中國人不謳歌歐洲文化，其最大原因蓋亦以此爲根據。依照他們的意見，一個不崇祀祖先且輕視孝道的國家，絕無存在文化之理，此等國家之人必須視同野蠻，而排斥之（Paul Perny〔＝童文獻〕；La Chine supérieure à la France. p. 81）。我並非對如此看法，一切均認爲正當，而咸表贊同。在此僅介紹其事實，並注意在如此看法之中，表現中國人以孝道爲第一的特色而已。同時，前來中國觀光，或介紹中國的外國人，一般都未曾忽視中國的孝道。曾於唐代來過中國的阿拉伯商人蘇雷曼（Sulayman）對於中國人爲其已逝雙親所盡的禮儀、至矣盡矣的情形，有所報導（Reinaud: Relations des Voyages etc. Tome I, pp. 35—36）。元代的意大利人馬可波羅，也曾描述中國人對其雙親發揮最大的尊敬，中國官憲對於不孝之人，處罰極為嚴重。（Yule and Cordier；Marco Polo. Vol. 1, p. 457）。西曆十七世紀來，周航世界的意大利人卡列利（Careri），也有下列的記事留傳下來。

中國以父母為神聖不可侵犯。中國人相信對父母之孝行，為所有幸福之源泉。實際上無論通覽任何國家的歷史，也沒有看見過像中國這樣充分厲行孝道的實例（A Voyage round the world〔Churchill's Voyages and Travels. Vol. IV〕p. 357）。

因為中國的國體如此，所以要想以新的姿態進入中國的外國思想和外國信仰，首先必須接受孝道的洗禮，或同化於中國國體，不然至少也要力求與中國國體兩相融洽，不致扞格不入。不然其思想與信仰，終不能在中國扶植起來，即使能以扶植，也不會成長。譬如摩尼教就是一個很好的例子。它與其他宗教相比，曾遭受相當嚴厲的迫害，推其原因，半由於此㉒。倘如再與佛教和天主教傳來中國的歷史相比較，則此間的消息，便更為明朗了。

註㉒摩尼教和祆教及景教比較起來，自唐代起即遭受中國官署的壓迫。在武宗時代的會昌法難中，摩尼教亦為第一號的受難者。此固有其種種緣由，但摩尼教的儀禮習慣，跟中國的風俗習慣毫不相同，亦為不能忽視的重大原因之一。南宋初期的王居正即曾上疏言其邪僻，他在疏中說：

伏見兩浙州縣，有喫菜事魔之俗　而至於邪僻害教，如不祭其先之類。則事魔之罪也。——南宋李心傳「繫年要錄」卷七十六此所謂喫菜事魔，其爲指斥菜食主義的摩尼敎之事，殆無容疑（民國的陳垣氏「摩尼敎入中國考」（「國學季刊」第一卷第二號所收）第二三〇頁。王居正對喫菜事魔之擧，似尙寄予同情與好意，惟對廢棄祭祀祖先之點，力加非難，主張必須取締。又約略同時代的莊綽，在其所著「雞肋編（「說郛」弓二十七所收）中，也反對「喫菜事魔。如不事祖先，裸葬之類。固已害親俗」。至南宋陸放翁（游）對該敎徒之排斥，更爲激烈，他說：

> 兩浙謂之牟尼敎。……福建謂之明敎。……名號不一。明敎尤甚。至有秀才、吏人、軍兵，亦相傳習。其神號曰明使。……以祭祖考爲引鬼。永絕血食。……其他妖濫未易概擧。——「渭南文集」卷五所收、條對狀〔七〕

所謂牟尼敎或明敎，當卽摩尼敎的別名（Chavannes et Pelliot; Un Traité Manichéen en Chine.〔J.A. 1913〕PP. 346 347），摩尼敎以素菜爲主，擯斥肉食及殺生。（Alfaric; Les Écritures Manichéennes. Tome II, P. 199）。因此，該敎不能不於祭祀時，反對提供犧牲。他們又從宗敎立場，認中國人之祭祖爲一種迷信，（Chavannes et Pelliot; Un Traité Manichéen. p. 349）總而言之，摩尼敎徒是反對中國傳統風俗習慣中之祭祖的，在這一點上，他們遭受到南宋時代中國學者們的攻擊，被當做邪敎徒看待，是有事實根據的。

佛敎並不疏忽孝道。它把父母之恩列爲四恩之一。但如僧尼超脫於家族羈絆之外的情形，自中國人孝道第一主義的觀點來看，自然也有許多令人不滿之點。所以佛敎自從傳入中國以來，有鑒於中國官員的干涉和學者的非難，已相當加强了家族主義和孝道主義的色彩，以期與中國國體相調和，在整個六朝時代，僧尼因離俗出家，故不拜父母，反之，却照例受父母之拜（唐代彥悰「集沙門不應拜俗等事」（「縮刷藏經」露帙七册所收））。然據「貞觀政要」載云：

貞觀五年（公元六三一），太宗謂侍臣曰：佛道設教，本行善事，豈遣僧尼道士等，妄自尊崇，坐受父母之拜，損害風俗，悖亂禮經，宜卽禁斷，仍令致拜於父母。——卷七禮樂第二十九。

高宗顯慶二年（公元六五七）亦於詔書中，重申前旨說：

自今以後，僧尼不得受父母及尊者禮拜。所司明爲法制。卽宜禁斷。——「唐會要」卷四。

玄宗的開元二年（公元七一四）更有勅說

自今以後，道士、女冠（道敎之尼）、僧尼等，並令拜父母。至於喪禮輕重，及尊屬禮數，一準常儀，庶能正此頹弊。用明典則。——「唐會要」卷四十七。

如此以來，唐代以後的僧尼卽一步一步地被趕入中國人的孝道主義圈子之內（參閱「唐明律合編」卷九）。關於此點，「明律」中更揭有徹底的條文：

凡僧尼道士女冠，並令拜父母，祭祀祖先，喪服等第，皆與常人同。違者杖一百。還俗

。——禮律、儀制

「清律」的有關條文，亦與「明律」無一字之差。是以自東晉以來，成爲中國宗教界一大懸案的、沙門是否應禮拜君父的問題，由「明律」給下了最後的決斷。那就是說，中國的僧尼，完全被置於家族主義孝道主義的約束之下，這一點已與俗人再無任何區別。

北宋的高僧契嵩曾著有「孝論」一文，收錄在他的「鐔津文集」（「縮印藏經」露帙一所收）卷三之中。自佛教東漸以來，遭受儒教之反對並不罕見。每逢反對，儒者總是非難佛教忽視或輕視孝道，以排斥佛教的翹楚而聞名於後世的唐朝的傅奕與韓愈，皆斥佛教爲「無父無君」。此種非難之當否，姑置不論，總之，此種非難曾給佛教帶來相當痛苦，自無待煩言。至契嵩時代，仍不斷有來自儒家孝道之立場，排斥佛教之人，爲了打開此種苦境，契嵩乃著成了「孝論」。他主張佛教最重孝道，儒教唯有獲得佛教之合作，纔更能完成孝道。然而他的主張決不是論爭的，毋寧說是妥協的。他對孝道的完成，力主儒佛二教的一致。在此實爲契嵩苦心之所寄。總之，佛教向中國、日本傳播期間，實置忠孝於其本質以上之重要地位，此殆爲不爭之事實。唯有在如此最能與國情國體互相調和的情形下，佛教纔能在東亞各國之間，愈得發揚光大。

第十七章

和佛教對比起來，基督教傳道的歷史，其面目頗有不同之處。天主教於明末東來中國，當時宣教師的前驅利瑪竇Mattheo Ricci，以其高瞻遠矚而又淵博的識見，認爲在中國傳教即應與中國的國情相調和，方爲成功的秘訣，對中國人必要講中國的基督教。因此，他認爲中國人崇拜孔子，祭祀祖先，完全是基於社會的政治的旨趣，不需排斥。大多數的耶穌會士派宣教師，咸都相信這一見解的正當，而予以遵奉，但其他派別的宣教師，可說對他並不贊同。依照此等反對派宣教師的見解，中國人之所以祭孔和祭祖，乃是一種迷信，故自基督教的立場講，自然須要排斥，無須辭費。他們主張基督教雖在中國，也必須用眞的基督教的精神姿態，來從事傳道工作。

雙方見解的歧異，終於引起了基督教在中國傳道史上有名的天主教宗論（=Rites Controversy=Question des Rites　）。在此前後繼續了百年的宗論之爭中，可資參考的書籍甚多，本人也有極簡單的拙稿「新發現的有關天主教宗論兩史料」（登載於大正十五年七月號「史林一）」，對此有所敍述，茲不復贅。宗論的結果，羅馬教皇斷定拜孔祭祖的儀式爲迷信，故嚴禁天主教徒舉行此種儀式。對於此種禁令中國當局自未便輕視。康熙與雍正兩帝，對於反對拜孔和祭祖儀式和有悖國體的宗教，亦宣佈不准在中國國內傳教。在這種情形下，天主教於十八世紀一度曾遭中國政府查禁。百餘年後，進入十九世紀，因得黃埔條約與天津條約之保證，天主教（舊教）、耶穌教（新教）始以善良宗教之姿態，正正堂堂地進入華夏。然天主教依據過去歷史，對於祭祀仍舊不准舉行。耶穌教過去雖未受任何拘束，但於一八九〇年在上海召開耶穌教宣教師總會時，仍決議禁止崇敬祖先之祭祀儀式（Records of the general Conference of the Protestant Missionaries of China. 1900. p. lxiv）。

由社會上和政治上見地，確信崇拜祖先爲必須維持的中國學者，自然沒有歡迎這樣宗教的道理。前自李衛（「皇朝經世文編」正編卷六十九、禮政）及張伯行（「皇朝經世文編」初編卷六十九、禮政）開始，後迄陶保廉（「辛卯侍行記」卷三）和朱一新（「無邪堂答問」卷二），主要均就「廢祀無父」之點，反對基督教，像曾紀澤這樣通曉西洋事情、理會基督教之人，都自孝道立場，對基督教不表贊成（Edkins; Current Chinese Literature（Records of the general Conference etc. 1900）p. 567）。不、即使是熟悉中國國情的宣教師，對於排斥崇拜祖先，也公開說這是中國佈道上的一大暗礁㉓。總之，基督教在其和中國孝道不相調和之一點上，無人能否認它曾給弘布工作增加了可觀的阻礙的事實。

註㉓天主教徒對祖先崇拜儀式的態度，雖經羅馬教皇克來門斯十一世於一七〇四年所發的敎令（Décret），以及確保了此一敎令的貝納蒂克圖斯十四世的勅書（Bulle），而成爲一定，但耶穌教徒的態度，並沒有一定。是以在耶穌敎派宣教師之中，對於中國人崇拜祖先之儀式，具有幾分寬容態度，以期與中國國情相調和之見解者，亦頗不乏人。就中像名人丁韙良（Martin），就曾於一八九〇年在上海召開的耶穌教宣教師總會中，提出了一篇題目叫做「祖先崇拜」的論文（The Worship of Ancestor A Plea for Toleration〔Records of the general Conference, etc. 1900〕pp. 619—631〕。這是一件極值得注意之事。

丁韙良在論文開始時便說：

> 假如有人問我什麼是在中國傳教中最大的障礙，我可以毫不遲疑地回答說：那就是〔中國人〕的祖先崇拜。在中國這地方，無論對家族或對國家，被人最視爲神聖的祖先崇拜，從縱的方面說，上下古今業已經過了悠長的歲月，從橫的方面說，它擁有堅强的地盤，像山一樣屹立〔在基督教的傳播面前〕。

據他的主張，崇拜祖先乃是一種極自然的人情發露。子孫把生前敬愛的父祖，死後給以崇拜，給他們像生前一樣的待遇，豈非極爲當然之事？故中國人對祖先之崇拜，縱令在形式上多少有其缺點，但其精神並無特別可資非難之處。何況此項祖先崇拜，又正是中國之國體與社會之基礎呢？走向一座難以度越的山，保持一條直線前進，並不一定是一位有智慧之人所應採取的方法，慢慢地迂迴着山麓前進，以期到達目的地的辦法，有時也是聰明的，祖先崇拜就等於是一座難以越過的山，用一條直線的方式向它衝去，而遭逢衝突，不能算是最高明的方法。對祖先崇拜如採取寬容態度，對佈道的前途將可發生很多光明，正所謂可以達到事半功倍的效果。此爲丁韙良所說的大要。不知是幸抑不幸，此一意見未被採用，而由總會決議，認定祖先崇拜之核心，爲偶像崇拜（Idolatry）故必預予以排斥。

距今約五十年前，美國宣教師畢葛羅（Bigelow）在北平，與俄國希臘東正教的僧院長（=Archimandrite）帕拉彫斯（Palladius piotr Ivanovitch Kafarov）晤談時，詢及其佈教的結果，帕拉彫斯回答說：

我居北京並在此佈道四十年，在此期間我記得似乎僅有一個中國人改宗。（結果似乎極不相稱），但假如其他宣教師們誇口說他有在此以上的好成績，那就請你不必相信好了。

畢葛羅亦在其後之二十年間，根據他自身的經驗，保證帕拉彫斯之說法的正確性（參閱China against the World. Chap. Ⅲ）。在教會或學校中的華人信徒，當他們一離開教會或學校，大抵均復歸非信徒的狀態。總之，過去基督教宣教師等在中國的努力，勞力多而成功少的事實不容否定。因此我們不能不認定，基督教和中國國情、換言之，它和中國之孝道缺欠調和，爲其不能開展的重要原因之一。

（譯者按：公元一九三九年，羅馬教宗庇佑十一世，以其深謀遠慮、注重外方傳教，及尊敬中國文化、關切中國教務之精神，主張「禁止中國信徒祭祖祭孔爲違背中國傳統之精神」，應予取消。故毅然決然令傳信部發表四項聲明，結束三百多年來的禮儀之爭。這四項聲明是：㈠若無宗教性，教友可以在孔廟或孔子遺像或牌位的處所行禮。㈡在天主教的學校內，可以有孔子遺像或牌位，惟須得長官的同意。㈢如係被邀請，教友可以參加有宗教性的公開禮節。㈣在死者或遺像，或僅有先人名字的牌位前，可以行禮。——上文採自謝壽康先生著「天主教與中國文化之關係」一文，原載陳立夫先生編「孔子學說對世界之影響」第一輯、第四十頁）

第十八章

在過去，如上所述，擁有極大勢力的中國之孝道，在悠長的歲月中，也隨着家族制度的逐漸弛緩，尤其因近時所謂新思想的流行，而有漸漸失去勢力的趨勢，這是無法否認的事實。在民國初年所編纂的現行法律之中，也曾堂堂正正地宣示應該採取家族主義的理由（「中華六法全書」參閱民律草案第四編首章），其內容與明清時代法律的有關部分，已有顯著的逕庭，令人深有強弩之末的遺憾。當然，這個新編的法律，也具有所謂廢除治外法權的對外目的，是以也不能不承認比較祇靠傳統的孝道第一主義，還有更難的事情存在。例如，中國軍閥馮玉祥在蘇俄留學的兒子馮洪國，就曾於民國十六年九月二十六，投書北京順天時報，聲明和他父親斷絕父子關係，這種驚世駭俗的忤逆行爲，實爲一件前所未有的破天荒事件，讓我這研究中國歷史，熟悉中國孝道之人，發生今昔之感，不禁爲之長太息也㉔。

註㉔據順天時報的報告，該投書確係發自蘇俄莫斯科，因爲有郵局的消印可資證明，該斷絕關係聲明書的內容，大致如左：

反革命的父親馮玉祥，現在你是甚顯然的，離開了革命的戰線，成爲反革命的領袖了，然而這並不是很奇怪的，因爲你天性又剛愎又投機，並且永遠不喜居人下，在國民軍與國民黨訂條件的時候，你反對「國民軍將領，犯國民黨的紀律的時候，國民黨有權來懲治」的條件，你說若是如此，就表現出來國民軍是投降國民黨，而不是雙方聯合，由你這句話看來，就知道你並不是想受國民黨的指揮而革命，而是想借國民黨的旗號，來騙地盤，眞眞是滑頭。……我從前受的是舊式教育，到後來你想取信於人，叫我入了革命的學校，現在我已經認識正確的道路，然而你顯然到反革命的陣營去了。我是一個革命者，在革命者沒有父子的關係，只看革命的利益。現在你是反革命，是工農的仇敵。……我自然要與你這反革命的父親斷絕關係。……在你不覺悟以前，我一定堅決勇敢在黨指揮之下，爲工農的利益，向你反革命的人爭鬥。革命的兒子馮洪國。一九二七年九月七號。赤都。

試想這該是怎樣一篇膽大妄爲的斷絕關係宣言。

現在先不談中國，卽在我國日本的孝道，也從維新前到明治，由明治到大正，無不隨時間的消逝，而日漸衰微，此種狀態，在上述議論之中，業經照實有所引述。從君民一體、忠孝一致的我國國體上來看，這種孝道的衰微，決非可以任人輕輕看過的現象，其實有識之士，早已面對此點，爲我國的將來而表示憂慮了（澤柳博士「孝道」上卷三—四頁）。我對此亦完全同感，縱使家族制度由於時代的風氣而難免有所變更，但孝道的精神仍是必須維持和振興的。我更願進一步指出，孝道之振興，不僅是像中日兩國這樣的國家和東亞各國有其必要，卽對西方各國，也是極所盼望努力推行之事。因爲相信孝道的精神，可以多少緩和隨西方文化而俱來的種種弊害。

英國詩人克普林（Kipling, Rudyard）曾說東洋是東洋，西洋是西洋，兩者永參商。——East is East and west is West, and the two shall never meet——。這位克普林的話，雖然有一方面的眞理，但如做爲全體的眞理，便很難爲人所接受。東西兩洋的文化，早已彼此互相影響。這種彼此的影響，將來也是一樣，甚至還要發生更較爲親密的關係，無庸置疑。然則克普林之永遠否定東西洋之接近與一致，實未免有過於輕視過去的事實與將來的傾向之嫌了。（Guénon; Orient et Occident. avant-propos. p. 7）。而同時東洋文化與西洋文化，亦各有其傳統精神，各自具有其特色，此亦爲不爭之事實。東洋文化，至少東亞文化的精神，或是說到東亞文化精神之一，孝道一定會被擧出來的。因爲在中日兩國，尤其在過去的中日兩國，擧凡學問、教育、禮儀等方面，一切無不以孝道爲中心。加藤弘之博士曾在其所著「東西道德原理之岐異」一書中，發表下述意見。

> 道德原理東西岐異的要點，主要在於「亡(忘、無)我」及「保我」二主義。蓋亞洲的道德爲亡我主義，歐洲的道德爲保我主義。……亡我者利他主義也。保我者利己主義也。東方各國因爲專有由此亡我、亦卽由利他主義所生之道德，故君臣父子夫婦以下，無不以爲他人盡義務爲最重要，人人都不以自己之利害爲念，唯以爲他人盡其在我爲本分。然西方各

國的保我，則與此相反地保持自己之地位，以謀自己之利益，並視之爲最先的權利。……。

西方人民因富於活潑進取之氣象，故權利思想特別發達，道德原理亦由此種思想發生，雖極堪慶幸，但却因此而有了偏於保我自利之弊。而東方人民因爲祇固有義務思想，故其道德的主義，也自此種思想發生，此雖亦爲大可欣賞之事，但流於偏頗之餘，以致幾乎完全成爲亡我利他主義。諸如此類東西道德根源思想之所以完全相反者，究竟其理由安在，此恐不能不歸其原因於東西人種原來性質之異同矣（「加藤弘之講演全集」第二册、一四五—一四六、一五一—一五二頁）。

加藤博士的看法可以說是妥當的，筆者本人也和他一樣，認爲東方的道德與西方的道德相比，很顯著地有尊重義務，更加適切一點說，是有尊重服從義務的傾向。但這種特色，本人却認爲與其說是起源於東西人種的性質，毋寧說應該歸因於東西方家族制度發達之不同。家族制度一經發達，且成爲家族制度之中堅的孝道主義被强調之餘，自然，服從便被認做第一道德，子必須無條件地服從父親。人臣必須無條件地服從君（＝君父）。妻必須無條件地服從舅姑和丈夫。這種君臣、父子、夫婦的關係，即所謂三綱是也。因此縱稱東亞之道德爲服從之道德，當無大差。服從的道德，同時亦爲和平的道德。「孝經」中所說（孝子之能）事親者。居上不驕。爲下不亂。在醜（＝衆）不爭。——紀孝行章第十卽此之謂也。

距今約二十四五年前，有位中國人著作了一本名叫「一位中國官員以東方的眼光看西方文明的書信集」（Letters from a Chinese Official, being an eastern View of western Civilization），對於西方文化曾痛下針砭。這本小册，因其內容的新奇與文體的流暢，歐美各國之購讀者相當衆多。對這項批評，美國的布里安曾於一九〇六年發表了「給中國官員的一封信，西方對東方文化的看法」（Letters to a Chinese Official, being a western View of eastern Civilization）一文，加以反駁。布里安在這篇文字之中，對中國家庭曾有所非難，他認爲在家庭之中，祇教兒子對父親的義務，而不講父親對兒子的義務，這祇能算是單行的，而非正理。對於一位不給兒子盡任何義務的父親，到其死後猶必須盡孝養的道理，發生自那裏？西洋的家庭，像兒子對父親一樣，父親對兒子也要盡其義務。在西洋是以有相愛關係的夫婦爲家庭之中心，這種家庭，比較像中國那樣由父母任意選擇而造成的夫婦之家庭，可說不知有多少倍的幸福（pp. 61—62, 65—66）。

在中國佈道二十餘年，且據稱對中國人的風俗習慣具有深切了解的美國宣教師史密斯（Smith），他也曾就東西家庭加以比較，作過大要如下的批評。

基督教叫做兒子的早早離開父母膝下，應該去愛戀他的妻子，而孔子教則與此相反，它命令男兒要始終愛戀他的父母，而且還要求他的妻子也與她的丈夫採取同樣行爲，假如親子關係與夫婦關係發生了衝突，則後者當然要成爲前者的犧牲。像這種情形，比較年輕的夫婦，便不免在年邁父母的有生之年，長期壓抑在下，誠屬社會不幸的缺陷。（Chinese Charcteristics p. 183）。

以第三者來說，中國也不是不講親對子的義務。「禮記」就曾說：「知爲人子，然後可以爲人父」——（文王世子第八）、孔子不是也說「有親不能報，有子而求其孝非恕也」（「荀子」法行篇三十）麽？當孔子爲魯司寇時，有父子之間發生訴訟者。孔子將此父子同繫於一獄之中，使之反省（「荀子」宥坐篇第二十八、「孔子家語」始誅篇第二章）。因其父，是責他未曾敎子之罪。淸代的崔述認爲這種傳說是不可能有的（「誅泗考信錄」卷二），我也認爲他的想法正當，不過，在流行這種傳說的時代，我們也不能不承認在一部分的儒家之中，也存在有這種思想的事實，後漢的仇覽，當其爲蒲亭長時，鄉人陳元之母訴其子不孝，經查乃由於其母教化未及，乃諄諄告誡，不可肆忿於一朝，欲致子於不義。母聞而感悔，涕泣而去（「後漢書」卷七十六，仇覽傳），如此實例，他處亦所常有。然在中國，凡爲人子者，無論任何場合，都以服從雙親爲孝道，故親雖不親，然子不可不子，此乃孝道精神的最高發揚。東洋的家庭，是以父子爲中心，貫串上下的縱的家庭，着重於服從，而西洋的家庭，則是以夫婦爲中心，左右相連的橫的家庭，着重於相愛。生長於西洋家庭的布里安和史密斯，其不能理解東洋家庭，復不理解孝道精神的最高發揚，本不足怪。前文所述克普林所謂的東洋是東洋、西洋是西洋的原因，其在此乎。

現在風靡世界的西洋文化，已有窮途末路之感。爲了打破這種局面，以倭鏗和拿特爾普爲首的哲學家思想家們，很多都是具有必須攝取東方文化的意見之人。(Reichwein; China and Europe. Introduction. p. 3)。像給農（Guênon）這樣的人，便老老實實地聲言西洋文化，在物質（Materiel)方面有其優越之處，然在精神（Intellectuel）方面，則不如東洋文化，故有向後者請益之必要（Orient et Occidenit. pp. 8—9）。若是說到足可對西洋文化有所裨益的東洋文化，中國的儒教自然應該首屈一指。藉中國實踐哲學的助力，庶可使歐洲文化向前進展的想法，決非破天荒的事件。中國的儒教已自十七世紀到十八世紀之時，非常爲歐洲學者所歡迎。這項事實已於晚近由賴希韋恩（Reichwein）明瞭地發表出來（China and Europe. Intellectual and Artistic Contacts in the Eighteenth Century. 1925)，此處更無待贅述。

在有數的歐洲學者之中，法國的伏爾泰和德國的萊布尼茲，都是最熱心追隨孔子學說之人。萊布尼茲還公開宣稱，現在從歐洲派往中國很多宣教師，從事於教化工作，我們也同樣要求從中國派遣或更多的宣教師，使其從事教化歐洲，實屬必要（Reichwein; China and Europe. p. 80）。伏爾泰認爲中國的政治組織，確爲世界中最好的政治組織。並斷言該項組織完全以親權（.paternal authority）爲基礎之點，亦爲世界無與倫比者（Reichwein; Ibid. p. 89）。在此稍前的英國政治家坦普爾（Temple, Sir William, 1627～1699），也推奬中國政治組織，說它比世界上任何國家的同類組織爲優，更勝於自希臘的柏拉圖以來，歐洲許多學者所設計的理想國（大正六年＝民國六年十月號「史林」所載、內田博士「Sir William Temple ——威廉、坦普爾爵士」、六七頁）。當然這些學者對於儒教難免稍有評價太高之嫌，縱然如此，但同時在儒教所講的道德以及政治之中，具有許多在西洋文化中難以找到的某些眞理和長處的事實，也不容忽視。儒教的內容與價值，二百年前與現在並無任何不同。過去曾使歐洲思想界的先覺們如此憧憬的儒教道德與政治，雖在今日猶應對西洋文化具有不少裨益。

近時在歐洲流行的所謂亞洲熱（Asiatic fever），是以老子的學說爲中心，但我相信孔子儒教中心之到來，亦爲期不遠。以儒教的孝道爲基礎的道德教育，和以儒教之服從與秩序爲目的之政治哲學，一定會給歐洲思想界帶來想像以上的鉅大影響，殆無疑義。至少我認爲它可以對西洋文化，必然隨伴以俱來的，例如權利思想或反抗氣氛，乃至像辜鴻銘所說的羣氓禮讚Mob-worship 等不受歡迎的各種事項，或可藉此而獲致幾分緩和。儒教之興隆與孝道之發揚，對中日兩國固爲極所期冀之事，而爲世界人類着想，尤所切望。

「詩經」不云乎？「東方明矣。朝既昌矣」——（齊風、雞鳴）。歐洲的亞洲熱，其昌熾的情形，不是與日月俱進了麼？「詩經」不是又有「缾之罄矣。維罍之恥」（小雅、蓼莪）的說法麼？在這憧憬東洋文化的時代，假如唯有中國儒敎的眞價，尚未為歐洲學術界所認識，那豈非東洋人的一大耻辱？研究中國文化之人，就中尤以儒敎研究者，實有利用此千載難逢的大好機會，起而向普世發揚中國文化的眞價，俾使儒教理想光被人類的義務。

（昭和二年十月十五日稿，狩野教授還曆紀念中國學論叢刊載）

解說

宮崎市定

孝行這一字眼，近來似乎不常被人提起了，可是如果認爲孝行已經沒有了，那就未免輕率了。據我的感覺，最近的年輕人不但不如此，他（她）們的孝心還非常濃厚。每逢七月十五和年終，長距離的列車都因歸里省親旅客的過分擁擠，而呈現了混雜的狀態。爲了購買特快車票，寧可整夜排隊。回趟家要這樣辛苦，究竟所爲何來？質言之，欲見雙親一面而已。現在無非再不見有投身火坑，以便爲堂上雙親購買人參藥餌服用的孝行而已，很明顯地孝行的方式已發生了變化。

親子之間的愛情，乃發生於極自然的情形，故其純粹之表現，深博人心，無數的文學與美術都由此而產生。植根於這種本能的道德，無論到任何人類生活環境之中，其價值是永遠不變的。

但是爲了使原始的思親之情，定着爲良風美俗，教育與立法仍有其必要。曾出以最大的熱誠相追求，並獲有美好的結果者，厥爲中國舊社會的孝道是也。日本的風俗在這一點上，深受來自中國的影響，故孝之一字在日本並無適當的訓讀方法，祇照原音讀念，看看這一點也可了解它的來源與影響了。欲理解東亞歷史，而對孝道視如度外，那便無從談起，而自信以孝道爲第一的德行敎育子女的社會，同時也一定是以自信養育子女爲義務的社會，當此際會，確有踏踏實實地重新思考一番的必要。

桑原隲藏博士對於此項東洋的孝行問題，具有非常的熱情，追跡歷史，草成「中國的孝道──尤其自法律觀點上所看到的中國之孝道」一篇長篇論文。這篇論文最初發表於昭和三年，當同仁狩野直喜敎授停年時所策劃的「狩野敎授還曆紀念中國學論叢」之中。當時的紀念論文集，是能輕易包容像這樣足可出一册單行本的巨篇，實在可稱得起是偉大的時代了。

博士的親友，可爾必思社長三島海雲氏，讀此抽印本而深受感動，認爲對世道人心大有裨益，乃重印抽印本，分贈親朋友好。昭和四十年，復首先被收入可爾必思文化叢書，爲其第一册，並將原名「支那之孝道」更名爲「中國之孝道」，以新書的姿態問世。但此等書籍，因其均爲非賣品，故難免發生分贈有限之憾。此次由講談社重新改裝，做爲學術文庫之一册問世，使讀者層更爲擴大，因余原先參加過可爾必思文化叢書的編輯刋行工作，自然也願意對這次的刋行，表示衷心的祝福。

著者桑原隲藏博士，明治四年初出生，爲福井縣敦賀市製紙業者桑原久兵衞氏之次男，但在戶籍上則爲其前一年十二月七日所誕生。少時幫助家業，高小卒業後，明治十八年至京都市，入府立中學。因家庭經濟並不富裕，本不擬令其升學，惟以小學成績特優，家庭不忍令其學業中斷，故於諸弟兄之中，唯有博士一人，由中學而第三高等中學校，最後更進入東京帝國大學，明治二十九年由漢學科畢業。博士在大學的專攻方面之所以選擇了漢學科，乃由於當時的大學全部科系裏，尚沒有博士所志望的東洋史學講座的設置。

所謂「東洋史」這門學問，實際上是日本人的發明，它是以從來留存於日本的漢學，和新自歐洲輸入的萬國史（世界史）爲母胎，而重新生出來的東西，桑原博士正是生產它的主要親人之一。明治三十一年由桑原博士編著出版的「中等東洋史」上、下兩卷，是使東洋史的名稱成爲固定學術語的名著，與這本書齊名的「東洋小史」爲那珂通世博士之著作，則於稍後的明治三十六年出版。

自「中等東洋史」問世之後，幾乎成了提到東洋史就是桑原博士、提到桑原博士就等於是東洋史的不可分離的關係。但據說因爲該書過於詳盡，接着又出版了簡化約有一半的「初等東洋史」。這是附有挿圖的美麗版本，此書與後來的「東洋史教科書」相銜接。而先行問世的中等東洋史一書，則爲投考敎育部檢定考試者，最爲適用的寶笈，在士林之中，長保洛陽紙貴的美譽。

博士的敎科書其所以廣爲士林所推重的原因之一，也因爲他同時編有敎師用的參考書「東洋史敎授資料」。這本書編輯得非常好，不僅中學校的敎師，即對大學敎授亦有參考價值。該書最初採取對現場敎師質疑的答覆，爲一問答集的形式，最後幾經增訂，遂成爲具有二四二項目的小論文集的形式。博士之編纂敎科書，大體上是自大學畢業後，擔任私立大學講師時代時，到明治三十一年出任第三高等學校教授，和翌年出任東京高等師範學校教授前後之數年間，完成了著述的骨架。

在另一方面，桑原博士於大學畢業的明治二十九年起，旣已在雜誌發表學術論文，故及今思之，他是非常早熟的。所以自茲以後，他孜孜不倦地繼續發表了許多大論文。自明治四十二年，工作轉移至京都帝國大學以來，他的學術活動也隨着更加積極起來。他的文章始終是平明易讀，晚年特別揀選了其中廣爲讀者層所期待的短篇二十三篇，都爲一集，命名爲「東洋史說苑」，付之剞劂，博士逝世後，以遺文集的名義而編纂者，則有「東西交通史論叢」「東洋文化史論叢」「中國法制史論叢」等三輯。但祇此等文集之出版，猶有不能盡瞻博士學問全貌之憾，故於昭和四十三年（公元一九六八）改由岩波書店刋行了「桑原隲藏全集」五卷，連同附卷共爲六册。「中國之孝道」亦包含其中，自不待言。

桑原博士將從來漢學家的中國史，使其發展爲科學的東洋史，實有其偉大的目標，因之，在他的研究題目之中，亦多有中國與外國相關之問題。他很早便曾發表過漢唐間有關西域交通道路的考證，並曾就「有關大宛國貴山城的問題」，與白鳥庫吉博士、藤田豐八博士展開論戰之事，成爲學術界有名之話題。關於此等題材，還有其論戰的對手，可是關於宋代的南海貿易，尤其是有關蒲壽庚這種重要人物的研究，那就可以說完全是博士一個人的專長，決非任何人所能企及了。這項研究本來是從大正四年起，在「史學雜誌」上分五期刋登，經過四年方纔刋載完畢的長篇論文，大正十二年再加補訂，以「宋末提擧市舶西域人，蒲壽庚的事蹟」爲題，出版以來，俄然引起了國內外的絕頂讚譽，日本頒贈帝國學士院賞，學士院賞每年固然都有頒發，可是能像這本書一樣贏得外國，尤其是來自中國的反響，如此鉅大，且其感化能深及後世者，實所罕覯。當時具有中國出版界雙璧之稱的商務印書館及中華書局，爭相翻譯出售。其後繼承博士所開拓的途徑，而從事研究者踵相接，終於在前數年，香港大學的羅香林敎授，根據新發現的資料，出版了「蒲壽庚研究」（一九五九）。這很足以表示博士的學問，該是如何具有國際性的了。其爲堪向世界誇耀的業績，誰曰不宜。自茲以後，在東洋史學界便無人不知博士之大名者了。

博士嘗說：「所謂歷史研究者，乃判定事實之工作」。在歷史學上，若不是一步一步確定了不可動搖的事實，便不能堆積起研究的成果。況立於錯誤認識之上，不管你有任何議論，都屬無濟於事，故博士常批評中國在來學風的不正確性，甚至說「中國學者的頭腦不好」。因此誤傳而被戴上了嫌惡中國的中國學者的帽子。事實上，博士祇是所謂不佞於中國趣味而已，決非嫌惡中國。他超越了佞於趣味的情況，而是一位冷靜的科學家。他追求科學的正確性，而思有以適用於東洋歷史之上。唯有這一點反而得到中國人的同感，而成爲竟在日本以上，輩出熱心的學問追隨者的原因了。

博士又嘗明白表示「自己所研鑽者是東洋史，與中國學不同」。昭和五年，博士六十大慶時，知友門人集議，各草文一篇獻呈，書名不拘泥於京都傳統的稱呼，題爲「東洋史論叢」。因對寄稿未加字數限制，故成爲十六開、一三六八頁的空前巨册，在缺乏發表機關的當時，眞爲一項富有意義的出版。博士於其翌年之五月二十四日，逝世於京都市相國寺之東的自宅。

博士的豐富藏書，一萬數千部，依其遺志以其令郎武夫之名，全部寄贈京都大學東洋史研究室。博士所購置之圖書，專以實用爲主，故在此「桑原文庫」之中，可說在研究東洋史學必要的一些圖書，必有一部，這種購書的辦法，結果便必然地包含了多數貴重書籍在內，對於後學之士，實爲一種莫大的恩惠。藏書之中既有難得一見的稀覯本的外文書，在漢籍方面，舉凡經史子集各部，甚至俗書、詞曲、艷情小說之類，亦無不包羅。

博士在國內似乎並不甚嗜好旅行，但自明治四十年起之兩年間，留學於中國之時，曾自洛陽到西安、或自山東到河南、更曾至東部內蒙古地帶，實行多次大旅行。其後於昭和十七年，將當時之照片加入紀行文內，出版了「考史遊記」一書。就中東蒙古的旅行，路途頗長，越古北口而出至熱河，訪遼代的古都臨潢，自克什克騰橫貫興安嶺，經大賚諾爾、多倫諾爾，而自張家口歸返北平。此時之同行者爲當時清朝的進士館教習，其後又成爲同事的矢野仁一博士，以及當時的日華洋行主人，也就是後來的可爾必思社長的三島海雲氏，現在均已作古。

讀「中國之孝道」而重有所感者，實爲博士對中國文化深度之傾倒。有時博士雖被評爲嫌惡中國的東洋史學者，試一讀此書，便可知其完全不然，以如此熱情談論中國之文化，到底不是一般所謂的中國愛好家之所能辦。惟博士於眞實與虛妄之間有所峻別，又以爲僅使中國史獨立起來，亦屬不充分，因爲他具有一份綜合周圍各民族史而建立起一部東洋史的念願，以致未能雷同中國人傳統的中國史觀而已。實際上，他之意欲汲取中國文化之精粹，實遠超中國人之上，我們能說他不是因此而著成此篇麼？當然孝道之目的，在於享受圓滿家庭的生活，決非獎勵家長專制。是以博士在書中纔屢有指摘在舊日中國社會，强逼行孝過火的弊端。而博士本身之家庭，確是一個眞正理想的圓滿家庭之模範。

博士夫人系出同鄉打它氏世家，夙有才色之譽，因專勤於內助之功，故現今享有法國文學家盛名的令公子武夫君之出生於其門，非偶然也。

筆者爲受博士薰陶晚期弟子之一，今雖已年逾古稀，每讀博士遺著，師恩難忘，猶新程門立雪之思，臨穎感激，率爲之記。

京都大學名譽教授

譯者贅言

孝道在中國全部歷史中和人民古往今來的生活上，都佔有極高和極重要的分量。在全世界中，凡中國人足跡所至之處，無論其已否形成一個社會，孝悌的道理總存在於人心。如果是一個小家庭，爲父母者必愛其子女，如果是一個天涯遊子，隻身在外，無不時時以未能盡人子的孝思爲憾，終身歉咎。這是中國人固有的美德，所以 國父例舉八德時便以忠孝爲首。可知孝的地位在我國倫理中是如何之崇高。

人類的愛是與有生以俱來。洪荒之世，家庭尚未形成之前，人祇知有母而不知有父，雖然在如此情形下，爲母者仍愛其子女，爲子女者自然亦唯母是愛，及至家庭成立，夫妻實行共同生活，對其子女同負養育之責，子女對父母同具孺慕之心。

及至人口繁衍，人類社會組織由家庭演變至家族，由家族更進而擴大爲氏族關係。人與人的關係日趨複雜，卽在一家族之中，男女在生活上因有分工，故其職權亦有了差異。因爲在兩族的戰爭對抗中，男子比女子所表現的勇敢有力，在稼穡方面較女子缺少生育的羈絆，故其地位每足以代表一家或一族，而成爲家長或族長。古人知有母而不知有父，故姓多從母，自禹錫姓，而父子之倫以正，娶妻不娶同姓，而夫婦之倫以正。夫婦父子之倫確立之後，乃進而發生孝的理念。考孝字始見於虞書，則契之敎孝當在禹平洪水以後之世（參閱柳詒徵著「中國文化史」上，一一三、一一四頁）。孝爲禮的一部分，迨後且成爲禮的中心。

谷鳳翔先生關於禮治與法治有一段話說得很明白，他說：「中國自有史可徵之時起，至滿淸末季止，其間的治術是由禮治到法治，由法治到禮法合治。」「禮治先於法治的事實，在中國歷史上最爲顯著。唐虞三代之治完全是禮治，法治僅略具其端緒而已。到了周代，禮典大備，禮治極爲旺盛。」（谷鳳翔著「三民主義的法治思想」所引日本法學家穗積陳重之說，見「時代半月刊」二卷三、四期合刋譯文。）禮治的目的是「化民成俗」，使之自然合乎規矩，社會自然趨於安定，因此要達成禮治理想，便須要賢明的人來領導，於是便有「人治」的理念，儒家治術以「法先王」爲務，所以也主張人治，以爲「政者正也，子帥以正，孰敢不正。」從而「有治人，無治法。」「法不能獨立，……得其人則存，失其人則亡。」（見荀子「君道篇」。）「良法而亂者有之；有君子而亂者，自古及今未嘗聞也。」（參閱荀子「王道篇」。）這些觀念深入士大夫之心，影響中國政治，迄淸末而不衰。……但是，社會是不停地演變進步，社會生活現象日趨複雜，僅賴消極的禮治，已不足以維持社會秩序，安定人民生活，於是禮的一部分便不能不演進爲積極的「法」了。所以在周代以後，禮治便有日漸就衰之象。

接着他又說：「當時因爲戰亂頻仍，諸侯爭取統治權，社會經濟也發生了很大的轉變，舊日的禮治主義已不適於作當時的社會規範，所以法家應運而生，並對於禮治與人治的典範，大加抨擊。」「代替禮治而起的是法治，就是以法爲規範社會生活的準據。爲君主的活的工具。但是法治的抬頭，並不就是禮治的消滅，禮治也仍有其潛在的力量。」「禮的目的是『化民成俗』，使之自然合乎規矩，社會自然趨於安定。」換言之，禮僅是使「民日遷善而不自知」的預防工具，是禁之於將然之前，與禁之於已然之後的法，在效果上已失其分庭抗禮的價值。

由上述各點觀之，可知由禮治而進至法治的過程，時間很久，社會變遷的情形也很大，據歷史的記載，我國法律的制訂，以戰國魏文侯之師李悝所制之法經六篇爲最早，迨漢高祖即位後，命蕭何作律九章，多爲今日民法的性質，後來至唐太宗時乃有唐律之制作，我國法制至是已燦然大備，然「太宗因魏徵一言，遂以寬仁制爲出治之本，中書奏讞，常三覆五覆而後報可。其不欲以法禁勝德化之意，皦然與哀矜愼恤者同符。」（參見「唐律疏議」柳贇序。）漢唐之世，甚至以後各代，尊崇儒術，有國者無不標榜以孝治天下，故歷朝的德治主義雖與三代的單純禮治主義不同，但以深受嚴格的唯法主義的影響，益以時代變異的需要，故創出德主刑輔之說，亦即所謂禮與法的合治。它的哲學基礎自然是根據孔子所說的：「道之以政，齊之以刑，民免而無耻，道之以德，齊之以禮，有耻且格。」（見「論語」爲政篇。）這種「德主刑輔」的觀念，支配了我國二千餘年的法律思想與制度。

因爲自古聖人深知孝道可以造成和諧的人際關係，所以在長久期間內對它推崇讚譽，尊爲傳統美德，而自周公制禮，孔子集大成，孝更成了建立國家，維持家庭社會的最偉大的精神力量。孔子畢生致力於教育事業，在教學中首重孝弟。他說：「弟子入則孝，出則弟，謹而信，汎愛衆，而親仁，行有餘力，則以學文。」孔子的思想乃以仁爲中心，有子也認爲孝悌爲仁之本（論語學而），在孝經中更說：「夫孝，德之本也，教之所由生也」。孝既是德行的根本，亦卽德行的開端。人生第一接觸的是父母，故將孝弟列爲做人的第一步。孔子教人首先自愛，他指出：「身體髮膚，受之父母，不敢毀傷，孝之始也；立身行道，揚名於後世，以顯父母，孝之終也。」很清楚，孔子認清了人是父母的遺體，也是他們生命的延續，一個人對自己的身體不自葆愛，招致毀傷，不但使自己不能對父母盡孝，進而對社會國家，更不能盡其應盡的責任，這是不可以的。今人對孔子就孝的「始」「終」之說法，誤以爲「揚名於後世，以顯父母」是教人養成昇官發財的觀念，其實他們都忽略了「立身行道」的意義。立身於天地之間，作一個頂天立地之人，不但是一件了不起的事，而「行道」一事，更是聖哲和英雄豪傑纔能作到之事。中國自古以來，文化極高，一個人於受教之餘，都深覺自己對父母、家庭、社會、國家和天下人類，都負有一種崇高的責任，把孝當做一切德行的根本，一切德行也以孝爲歸宿，更把孝當做推行政治的原動力，一個人要愛其父母和家庭，同時也就必須愛他的國家和民族。如果能把孝敬父母的愛，同樣用之於社會國家和民族，則這一個人一定是具有崇高的人格，儒家把孝看成了推行政治的原動力，所以把孝行的範圍由個人推演到君臣、官民、朋友和軍事行動的戰陣之上，故曾子大孝篇說：

身者，親之遺體也。行親之遺體，敢不敬乎，故居處不莊，非孝也；事君（政府）不忠，非孝也；涖官不敬，非孝也；朋友不信，非孝也；戰陣無勇，非孝也。五者不遂，災及乎身，敢不敬乎？

前文曾引孔子的話說：「身體髮膚，受之父母，不敢毀傷」，又說：「身也者，親之枝也，敢不敬歟？不能敬其身，是傷其親，傷其親，是傷其本，傷其本，枝從而亡」。這段話似乎與上引「戰陣無勇，非孝也」的意思有抵觸，實際上，一個說的是如何保身，一個說的是如何衞國，如果爲了保身而在戰陣上無勇，膽怯逃跑，投降敵人，他的身體髮膚，都將受到敵人的毀傷，使父母蒙羞，已構成了眞正的不孝，卽使能保此身，又復何用？故孔子在孝經上說：

「君子之事親孝，故忠可移於君；事兄悌，故順可移於長；居家理，故治可移於官，是以行成於內而名立於後世矣！」

古人見危授命，移孝作忠者，頗不乏人，岳忠武雖含冤以歿，民國革命先烈方聲洞、林覺民等，慷慨起義，喋血黃花，雖有違侍親幃之痛，但其爲國犧牲之精神，乃爲民族盡了大孝，名垂千古，勝於口體之養者，何止千萬倍，如洪承疇投降滿清，雖保全了身體髮膚，然生既不能免於其母及史閣部等的辱罵，死又不能免被歷史列爲二臣。故其生實遠遜於死。故儒家對孝道所定標準之高之遠，實遠超於父母子女人與人間的親愛關係，但當前一般民間子女對於父母，不但口體之養辦不到，更難免於惡聲惡色，誠如孔子所說「色難」，那即是說對父母長上無論任何場合，都要和顏悅色，即使在供飲食於父母之際，也不可表示厭倦之意。

世人每有干犯禁令，爲非作歹，貽誤終身，或結成不良黨派，互相仇殺，致身受刑戮，貽羞父母子女，亦給社會治安平添許多麻煩。因爲一個人不知道盡孝道，致成了社會所不耻的渣滓，人人得而誅之的亂臣賊子，這該是使有識之士如何痛心疾首之事。

孟子說：「世衰道微，邪說暴行有作，臣弑其君者有之，子弑其父者有之，孔子懼，作春秋」。孔子生於春秋時代，倫常大變，故作春秋以貶亂臣賊子，故當齊景公問政於他時，他便率直地對景公說：「君君，臣臣，父父，子子」，意思是說，如果君不像君，臣不像臣，父不像父，子不像子，那還成了什麼世界？孔子對當時的社會現象，可謂深惡痛絕。他精研社會問題，謀求對策，並著書立說以糾正世態人心，俾能引之走上正路。這可證明，中國社會自古以來，文化道德水準固已很高，孝道固已早有準繩，然篡逆之事仍屬屢見不鮮，足徵於提倡道德或孝道之同時，輔以相關的法律，仍屬必要，簡言之，德治或孝治與法治，實不容偏廢。道德啓導之於前，而法律究治之於后，一防患於未然，一懲警於已然，兩者實有相輔相成之效。像本書中所常引用之唐律，蔡墩銘教授即嘗指出：「其所意圖者厥爲倫常秩序之維持，俾使全體人民順利營其共同之社會生活與國家生活。刑法雖不能直接强制社會成員遵守倫常秩序，然非不可藉其唯一之賦與刑罰機能，間接引導人民之行爲，使其符合法律之要求。」（參閱蔡墩銘：「唐律與近世之刑事立法比較研究」三四六頁）。像孔子這位集中國文化大成的大思想家，雖把孝道確立爲「孝、悌、忠、信」等四個德目的首位，又爲它建立了有系統的理論，和在實踐上的方法，但在推行或維持孝道時，有時仍不免要假手法律的力量，他於晚年周遊列國十三載，講道德，說仁義，事實上他所費的脣舌，豈能如論語所記載的那樣簡單，祇看他爲魯國大司寇七日，卽誅少正卯，而魯國大治的記事，便可知德治與法治不能各行其是，而不互爲表裏。

論者常指摘孝道爲統治階級的工具，其實這卽使在古代亦不盡然。因爲人之善行，莫大於孝，而孝經說：「孝始於事親，中於事君，終於立身。」一個人可以終身不仕，但一個爲人子女者，就不能不以一片誠摯之愛，去愛其雙親，能愛其親，卽無不孝之理，能以此愛親孝親之心去愛國，當然也是一片誠摯，一個人對雙親和國家都能盡孝，則對於自身的修持，自能做得非常理想，作者桑原博士指孝道爲我國人家族、社會、宗教以及政治生活之根據，誠非虛語。人爲萬物之靈，故能有悟性、有愛心，且能合羣而互助，所以旣能形成一集團，又能形成一互助合作的社會，且從而發揮悟性與愛心，形成人類唯一特有的孝道，規劃成種種典章制度，蔚爲人類文化史中最高的典範，使人類社會行之則安和樂利，悖之則暴戾恣睢紊亂而無秩序。但人類的靈性有時而蔽，有待啓發與敎化，有時對於乖逆倫常，危害社會國家之人，不能不加以制裁，此所以道德與法律必須並行，互爲表裏。

據孝經五刑章說：「子曰：五刑之屬三千，而罪莫大於不孝。」可見刑罰制度確立甚早，其條文亦繁，然孔子獨說「罪莫大於不孝」，由此可知五刑以不孝爲大，蓋明示孝爲最高之道德，明刑所以弼敎，亦卽倚恃刑罰以輔敎化之不逮也。

我國數千年來孝治（德治）與法治交相爲用，而法治的推行，尤在維護以忠孝爲本的民族精神，歷代不乏修齊治平之世，一般國泰民安之局，莫不因忠孝等德目的發揚而獲致。但時移勢變，有時因社會的架構改變，有時因時局的變亂，致使道德陵夷，法紀敗壞。故自古卽難免要對盡孝之人加以表揚，用示鼓勵，對於違法逆倫之輩，加以刑戮，此皆所以獎懲以往而激勸來茲，立法雖嚴，要亦在刑期無刑。觀乎上述唐太宗不欲以法禁勝德化之意，從而可知歷代立法雖嚴，然其意仍在明至道正人心也。

我國歷代刑法雖多少有所更易，然多以唐律爲代表，迨至清季，西風東漸，我國亦模仿外國刑法並配合本國實情，而制定現行刑法，惟因我國古代視犯罪爲違反禮敎，故新法已與舊律之精神大有逕庭。

我國歷代刑章皆有所謂十惡之條，其中部分意圖雖可視爲維持倫常秩序，然其中顯含有封建思想及刑罰過於嚴酷之處。現行刑法對維持倫常秩序之規定，已不如過去嚴厲，或已予以廢棄，然對殺害直系血親尊親屬者，仍處死刑，其傷害直系血親尊親屬者，仍加重其刑至二分之一。西洋的立法精神，深入我國立法之內，若干條文已很少顧及我國固有文化精神了。至於「八議」之條，純為君主時代維護特權階級（如皇親國戚，或直接對延續帝王權位有關之親、故、賢、能、功、貴、勤、賓等）之特權而設，不合時代精神，自應予以根除。

但近年來我國社會結構，由農業社會急遽轉變為工商業社會，大家庭的組織解體，子女因工作與生活關係，多分別組織小家庭，不獨晨昏定省不易，即藉年節的團聚以盡孝思之舉，甚至亦不易做到。況自五四運動之後，一般奸人對於孝道妄肆破壞攻擊，共匪倡亂，更對我社會組織倫理道德從根摧毀，對於我國固有文化影響至深且鉅。在此種情形下，顯見徒藉法律力量，已無法阻遏犯罪之流行，須知今日之犯罪亦為一思想問題，果能使犯罪者（如忤逆不孝）承認其行為之錯誤，而立志悔改，則政府絕無採昔日威嚇、報應時代的嚴刑峻法手段，而放棄現代仁愛主義制度之理。

可是現代社會交通發達，社會關係變化萬端，物慾的引誘既多，邪說的蠱惑尤為可怖，其他如共匪的破壞家庭制度，從根摧毀中國固有的文化道德基礎，使親子兄弟之間彼此猜疑、清算鬥爭，倫常大變，毫無人性可言，此種千古未有的邪說暴行，眼見成了洪水猛獸，造成空前絕後的浩劫，如不予以有效制止，勢將率獸食人，民無噍類。先總統　蔣公有鑒及此，乃特別於　國父百年誕辰紀念日發起復興中華固有文化運動，用以挽救已陷溺之人心，而復興中華固有之文化道德，以適應新時代之要求。

中華文化復興運動並非復古運動，而是恢復民族固有的潛力與德行，更發揚與時俱進的創造能力與精神。故在其三項主要工作目標中，將倫理列爲中華文化首要基礎， 蔣公並引論語「孝弟也者，其爲仁之本歟」以證孝弟在倫理中之價值。數年來政府爲紀念總統 蔣公逝世三週年，曾明定四月爲敎孝月，各縣市並有現代孝行模範表揚會之組織，選拔孝行模範人士，從事褒獎，合乎孝親資格之人雖多，然相反地逆倫事件亦屢見不鮮，祇在六十六年十月到六十七年八月期間，根據報章所載不完全之統計，即有七件之多，其中發生於北投者一件，中和鄉者兩件，三峽鎭者一件，三重市者三件，茲表列如次：

姓名	性別	年歲	學經歷	事由	時間	地點
高兩得	(男)	44		以木凳毆擊其父頭部重傷致死	66 10 21	北投區光明路
呂明正	〃	36	有吸毒前科	吸毒施打嗎啡恐嚇母親	67 7 4	中和鄉景安路
葉晋盛	〃	32		糾衆持刀恐嚇祖母索錢砍毀大門（殆與流氓賭博有關）	67 7 3	三重市五華街

李宏亮	(男)	26	海專畢業	不滿其母平日管教過嚴用尖刀刺死母親陳金盞	67 7 4	三重市忠孝路
林×榮	〃			經常對（六八歲）之母親出言忤逆	67 7 18	三峽鎮礁溪里
陳坤錦	〃	20		拳毆親娘（因父母吵架遷怒痛打其弟弟而氣憤）	67 7 20	三重市重新路
何文良	〃	21	有竊盜前科	持刀追殺父親	67 8 9	中和鄉員山路

從上述幾件事例來看，一個文化道德水準最高，且正在推行文化復興運動的社會，竟在數月之間發生如此多的逆倫事件，眞令人迷惘，簡直可說令人驚愕，不能置信，可是事實竟這樣發生了，究竟這是家庭教育的失敗呢，抑是學校教育的失敗或是社會不良風氣所造成的呢？根據資料分析，似乎不良的嗜好，乃是造成不孝和犯罪的根源，法律固有其嚇阻和制裁的力量，但怎樣疏導和消滅這些犯罪的根源，仍然是治本的辦法之一，因爲如此既可消滅人們對物質金錢的過分貪得慾望，也可藉以養成良風美俗，具有理性思考的習慣，從而導致身心的平衡。然此種現象究屬社會病態，倘政府與民間戮力克服，爲期猶不爲晚。

其實在一個家庭之中，無論任何爲人父母者，其本身也都經過了爲人子女的階段。其本身能否給下一代施以良好的教督，也多少要看其上一代怎樣對他們，和他們怎樣對待其上一代的態度以爲斷。一對生活不正常的父母，希冀其子女曲盡孝道，實屬奢望，在上述事例中陳坤錦因其父母吵架，遷怒其弟，予以痛毆，陳某因不服氣而涉嫌傷及其母的額頭，因而構成了傷害尊親屬的罪嫌。當時的詳細經過情形當非如此簡單，但被害人以爲「天下無不是的父母」，父母本身的爭吵，對子女的毆打，都爲其分內事，而企圖以「天下無不是的父母」一語掩飾塞責，其實「天下無不是的父母」一句話，雖出自〔小學嘉言〕羅仲素論瞽叟底豫而發，然此亦不能謂爲天下之鐵則。一個爲人父母者，固當爲子女樹立榜樣，可是假如他們行爲乖僻或有違法的行爲，則爲人子女者對他們將如何順從？在這種情形下，若仍說「天下無不是的父母」，那就未免是利用倫理上的優越地位，而壓迫子女，使之同爲不善了。所以孔子在〔孝經〕裏說，「父有爭（諍）子，則身不陷於不義，故當不義，則子不可以不爭於父」。故爲人子女者於適當時機對父母諫諍勸解，冀其改過遷善，這正是聖人指敎世人盡孝的方法之一。孔子的敎訓毫無專制獨裁意味，而是表示父子之間的孝道也是有其分際，並非一味盲目服從的。

共匪破壞中華固有文化道德，當然不自今日始，遠自五四運動之後，陳獨秀之輩卽開始攻擊孝道，本書所指軍閥馮玉祥之子馮洪國，於民國十六年九月自莫斯科以第三國際立場罵他父親的信，正說明着國際共黨一貫的立場，今天的大陸共匪正是樣樣向它學步，想要從根破壞中華固有文化，家庭、倫理道德觀念，而首當其衝的便是孝道。

我們今天處此千古未有慘絕人寰的大變（顯然共匪的批孔運動業經慘敗），要想把中國社會從沉淪中救起，首先便必須認清當前時代的特性，與個人生活的實際情形，從改進禮俗和修訂有關法條以及加强家庭、學校和社會教育各方面分頭並進，以收相輔相成之效。

忠孝大節是我國固有文化中最着重的兩點，古人雖有忠孝不能兩全的說法，但對國家民族忠，亦卽等於對父母盡孝，故當洪承疇叛明降清後，迎其老母至京奉養，遽遭其母的痛斥，這在洪承疇想，總以爲自今可稍盡人子孝養之責，而在洪母想，她生養了如此賣國求榮的兒子，旣無面目上對祖宗，對下更未盡到教督之責，她斥責洪承疇不忠不孝，也正是責她自己愧對祖宗。至於口體之養，她何在乎？

總之，孝道實爲中國人特有的國民道德，它不僅在數千年中成爲中華文化的精粹，影響所及，凡周圍各隣邦如越南、韓國、日本等國，亦莫不沐浴於這種高度文化之中，而建立了它們各自感人的、和諧的倫理道德關係。

但是時移世易，孝道的光輝，雖一如往昔普照寰宇，然若干古代所規定的表示人子盡孝的方法，似乎必須改進。例如三年之喪，事實上已不能實行，省政府林主席奉令出掌省主席的時候，適值母喪，以省政待理，不能實行三年之喪，今總統　蔣經國先生，當先總統　蔣公崩逝之時，適在行政院長任內，雖經向政府懇辭，居家守孝，但政府仍期其墨經從公，經權無違，是爲現時代克盡孝道者最好的例子。所以當今如言孝道，爲人子女者，第一要無忝所生，第二要愼終追遠。人要能爲社會國家作出一番光宗耀祖，延續先人道義生命之事最好，不然，也別自甘墮落貽羞先人，或養兒不教，貽害國家民族，故所謂不孝有三，無後爲大的說法，在當前的時代裏，也不無可以斟酌之處。

我國廿四孝故事，自元代編訂以來，已歷時六百餘年，歷代遵爲孝道之模範，裨益世道人心不淺，然及今視之，其中已有不合情及不合理，且不能任人實行之部分，本書已有所論列。吾人今日談論孝道，似必須首先在風俗習慣和觀念形態方面，多予注意，務期爲人父母者及爲人子女者，行起來不違背人性，不違背生理，不造成彼此間的隔閡，不造成家庭的離心現象，而以愛爲中心，增進親子間的和諧氣氛。至於歷代忠臣義士，革命先烈，如七十二烈士中林覺民先烈等人，雖自稱不孝，而實際是移孝作忠的最好例子，他們對父母和國家民族所盡的孝道，豈不遠比老死牖下，廬墓三年，杖然後方能起，或大作佛事追薦，作花圈輓幛之展覽者爲愈？

時代對人有啓發，時代亦廹人作改革，中國之孝道非盡不合時代，祇須在作法上配合時代之進步，而作若干改革而已。孝道是我們固有文化的精粹，也是我們的精神力量，行政院孫院長就任之前，新聞界譽之爲「事親至孝」，這是何等尊榮之事，國家爲事擇人，也許這一點得以使他的才華相得而益彰。吾人尚未聞事親不孝，而堪身膺重寄者。

反觀匪區，一切違背天理人性，破壞一切固有文化倫理道德，從「打倒孔家店」到「文化大革命」，已將大好河山造成人間地獄，孔子說：「非聖人者無法，非孝者無親，此大亂之道也」。中國之亂在於共禍，救國之道在於復興中華固有文化中之孝道是已。

作者桑原博士酷愛中國文化，極力推崇孝道，他從法律觀點，著作是書，其憂時衞道的精神，殊堪敬佩，可惜他謝世甚早，未能見及我國文化復興運動，以及近年發起的婦女齊家報國運動和推行「敎孝月」與修訂廿四孝等具體工作之盛況。可徵中國之孝道，決非共匪之倒行逆施所可消滅。桑原博士有知，自當額手 莞爾於地下了。譯者不文，迻譯容有疵謬，幸乞 讀者敎正。

六十七年十月

宋念慈於台北縣樹林

中華哲學叢書

中國之孝道

1912

作　　者／桑原騭藏　原著、宋念慈　譯
主　　編／劉郁君
美術編輯／鍾　玟

出 版 者／中華書局
發 行 人／張敏君
副總經理／陳又齊
行銷經理／王新君
地　　址／11494 台北市內湖區舊宗路二段181巷8號5樓
客服專線／02-8797-8396　　傳　　真／02-8797-8909
網　　址／www.chunghwabook.com.tw
匯款帳號／華南商業銀行　西湖分行
　　　　　179-10-002693-1　中華書局股份有限公司

法律顧問／安侯法律事務所
製版印刷／維中科技有限公司　海瑞印刷品有限公司
出版日期／2019年7月再版
版本備註／據1980年10月初版復刻重製
定　　價／NTD 300

國家圖書館出版品預行編目（CIP）資料

中國之孝道 / 桑原騭藏著 ; 宋念慈譯.--再版.
-- 臺北市 : 中華書局, 2019.07
面 ;　公分. -- (中華哲學叢書)
ISBN 978-957-8595-77-4(平裝)

1.倫理學 2.中國

190.92　　108009357

NO.B0036
ISBN 978-957-8595-77-4（平裝）